高职高专项目化课程改革规划教材

广告创意与制作

郑文昭　刘亚光　编著

国防工业出版社

·北京·

内容简介

本书着重突出能力目标,以身边发生的真实案例为素材,以广告创意与制作人员应达到的能力水平为目标,将学生应知应会的内容设计为 8 个单元,每个单元由"问题引入"、"让我告诉你(知识)"、"一起做一做(实训)"、"你还应知道(拓展)"等几个模块构成。本教材共分为三篇,八个教学单元,每一教学单元又分为若干任务,每一任务结束后都有小型实训,每一单元结束后又有单元实训,全部学习任务结束后,教师可以将所有的单元实训整合成为一个综合性的实训项目,保持全部实训环节任务的关联性、系统性和完整性。

对于从事营销、广告等相关职业的人士来说,本书通过系统的素质和能力训练,旨在帮助解决工作岗位上所遇到的创造性思维的问题,掌握平面广告创意与制作的基本方法和技巧。本书是针对高职高专学校市场营销专业学生编写的,亦可作为广告、公关、营销、管理、商务等从业人员业务培训用书。

图书在版编目(CIP)数据

广告创意与制作/郑文昭,刘亚光编著. —北京:国防工业出版社,2013.5
高职高专项目化课程改革规划教材
ISBN 978 - 7 - 118 - 08735 - 2

Ⅰ.①广… Ⅱ.①郑…②刘… Ⅲ.①广告学 - 高等职业教育 - 教材 Ⅳ.①F713.8

中国版本图书馆 CIP 数据核字(2013)第 065404 号

※

国防工业出版社出版发行
(北京市海淀区紫竹院南路23号 邮政编码100048)
北京市李史山胶印厂印刷
新华书店经售

*

开本 787×1092 1/16 印张 12½ 字数 280 千字
2013 年 5 月第 1 版第 1 次印刷 印数 1—4000 册 定价 29.00 元

(本书如有印装错误,我社负责调换)

国防书店:(010)88540777 发行邮购:(010)88540776
发行传真:(010)88540755 发行业务:(010)88540717

前　言

在全国百所示范性高职院校建设项目的推动下，我们以高职高专人才培养模式改革为基础，坚持职业教育理念，以学生为主体、以项目为载体、以任务为驱动，设计并编写了集知识、能力、素质一体化的《广告创意与制作》一书。本教材由有着丰富教学经验的学校教师和企业、行业专家在市场调研与分析的基础上合作开发完成，是"校企合作、工学结合"理念指导下的一部全新的广告教材。

本教材具有以下特色。

1. 形式新颖

高职学生普遍具有起点较低、无法集中精力应对复杂理论的特点，这就决定了传统的以理论为主的教材难以吸引他们的注意力，从而不能有效激发起他们的学习兴趣。本教材以有趣的案例引出问题，由学生回答，老师适时归纳总结，让学生感到书中这些事件就发生在自己身边，有参与的兴趣；另外，书中大量的图片使这本教材从形式上具有相当大的吸引力。

2. 语言生动

本教材注重行文的优美与活泼，尽量应用形象化、具体化、生动化的语言，具有一定的可读性，能吸引学生的注意力，诱发学生自主学习的兴趣，从而使学生在轻松的环境下获取所需的知识并达到一定的职业能力。

3. 体系完整

本教材有着完整的知识体系和实践体系。不因知识的"够用与适度"而陷入传统教材的窠臼，也不因实践的完整性而损害了知识的连贯性和系统性，三篇 8 个单元形成了广告创意与制作的完整知识链条和能力链条。

4. 项目真实

本教材的实训环节以常见的情景为实践素材，形成了以项目为载体的教学内容体系。每一任务结束后有小型实训，相关实训环节任务保持了一定的关联性、贯穿性和完整性。

5. 技能实用

没有长篇大论、没有深奥的说辞，甚至没有复杂的技巧，本教材完全立足于营销类专业高职学生的认知和实践能力。如在"广告制作"篇，我们选取了专业学生在将来工作岗位上最常使用到的技能加以整合,通过"POP 广告设计制作"、"DM 广告设计制作"、"报纸广告设计制作"三个单元,让学生掌握"够用"的知识和能力。

6. 用途广泛

本教材还是进行素质训练的有益读物。"广告创意"篇引入了大量关于创意的知识链接和技能训练,使读者在充满趣味和思辨的有趣过程中,掌握形成创造性思维的有效方法,不知不觉拓展了视野,提高了创造力。

7. 学时分配

学时分配表(供参考)

课 程 内 容	学 时 数		
	合 计	讲 授	实 训
第 1 单元 发掘潜能——创意基础训练	8	4	4
第 2 单元 吸引眼球——发现好的广告创意	8	4	4
第 3 单元 头脑风暴——如何形成广告创意	8	4	4
第 4 单元 大展宏"图"——如何设计好的广告画面	8	4	4
第 5 单元 妙笔生花——如何写作广告文案	10	5	5
第 6 单元 现场促销——POP 广告设计制作	10	2	8
第 7 单元 小众传播——DM 广告设计制作	10	2	8
第 8 单元 大众传播——报纸广告设计制作	10	2	8
合 计	72	27	45

本书由郑文昭担任主编,刘亚光担任副主编,郑文昭负责编写第 1~4 单元,刘亚光负责编写第 5~8 单元。郑文昭对全书进行了统稿。在本书编写的过程中,得到了所在院校领导、同事们的大力支持;同时,也参考和吸纳了来自于同行的许多成熟的研究成果和结论,在此表示由衷感谢。

作 者

目　录

第一篇　广告创意

第二篇　广告表现

第三篇 广告制作

第一篇 广告创意

【开篇明义】

广告创意——广告表现——广告制作是一个系统工程，那么，就让我们先来一起学习如何获得好的广告创意吧！

- 广告创意是广告作品的思想与灵魂，广告表现是广告作品的载体，广告制作就是将"广告创意"与"广告表现"用一定的技术手段付诸实施，形成广告作品。
- 创意的过程是一个发现独特概念或将现有概念以新的方式进行组合的过程。创意的基础是创造性思维。创造性思维是指运用新颖的、独创的方法解决问题，产生新思想、新假设、新原理的思维。它是人类思维的高级形式，也是智力水平高度发展的表现。要形成创造性思维方式，激发创意，必须经常训练，具体来说就是打破思维定势，开阔思维视角。
- ROI 理论是一种实用的广告创意原则。该理论的基本主张是优秀的广告作品必须具备 3 个基本特征，即关联性(Relevance)、原创性(Originality)、震撼力(Impact)，其缩写就是 ROI。
- 在广告创意过程中，必须收集创意资料，分析创意资料，并运用创造性的方法进行思考，在此基础上形成广告创意纲要。

发掘潜能——创意基础训练

【知识目标】

- 了解什么是创造性思维。
- 了解培养创造性思维的方法。
- 了解思维定势。
- 了解创意视角。

【能力目标】

- 能够打破常规，扩展视角，提高创造性思维能力。
- 能够开发潜能，为广告创意打下基础。

【单元概述】

- 创造性思维(Creative Thinking)，是指运用新颖的、独创的方法解决问题，产生新思想、新假设、新原理的思维。它是人类思维的高级形式，也是智力水平高度发展的表现。
- 创造性思维有 3 个特征：流畅性、变通性、独特性。
- 要形成创造性思维方式，激发创意，必须经常训练。具体来说就是打破思维定势，开阔思维视角。

【实践步骤】

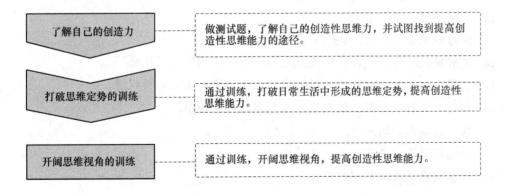

【要点提示】

- 了解自己的创造力——实现创造性思维的前提。
- 打破思维定势——创造性思维训练的基础。
- 开阔思维视角——创造性思维训练的核心。

任务1 了解你的创造性思维能力

【任务描述】

创意是建立在创造性思维的基础上的。你知道什么是创造性思维吗？怎样才能培养创造性思维呢？下面我们来了解一些方法和技巧。

创造性思维测试——帮助你了解自己创造性思维能力的小测验

(测试时，请你把每一个答案都一一记录下来，以便与答案得分表对照。用一个字母表示你同意或不同意：同意的用 A，不同意的用 C，拿不准的或不知道的用 B，但是，回答必须准确、忠实，不要猜测。)

1. 我总是有的放矢，用正确的步骤来解决每一个具体问题，不做盲目的事。
2. 我认为，只提出问题而不想获得答案，无疑是浪费时间。
3. 无论什么事情，要我发生兴趣，总比别人困难。
4. 我认为，合乎逻辑的、循序渐进的方法，是解决问题的最好方法。
5. 有时，我在小组里发表的意见，似乎使一些人感到厌烦。
6. 我花费大量时间来考虑别人是怎样看待我的。
7. 做自认为是正确的事情，比力求博得别人的赞同要重要得多。
8. 我不尊重那些做事似乎没有把握的人。
9. 我需要的刺激和兴趣比别人多。
10. 我知道如何在考验面前，保持自己内心镇静。
11. 我能坚持很长一段时间解决难题。
12. 有时我对事情过于热心。
13. 在特别无事可做时，我倒常常想出好主意。
14. 在解决问题时，我常常单凭直觉来判断"正确"或"错误"。
15. 在解决问题时，我分析问题较快，而综合所收集的资料较慢。
16. 有时我会打破常规去做我原来并未想到要做的事。
17. 我有收集东西的癖好。
18. 幻想促进了我许多重要计划的提出。
19. 我喜欢客观而又有理性的人。

20. 如果要我在本职工作之外的两种职业中选择一种，我宁愿当一个实际工作者，而不做探索者。

21. 我能与自己的同事或同行们很好地相处。

22. 我有较高的审美观。

23. 在我的一生中，一直在寻求着名利和地位。

24. 我喜欢坚信自己结论的人。

25. 灵感与获得成功无关。

26. 争论时，使我感到最高兴的是，原来与我的观点不一的人变成了我的朋友，即使牺牲我原先的观点也在所不惜。

27. 我更大的兴趣在于提出新的建议，而不在于设法说服别人接受这些建议。

28. 我乐意独自一人整天"深思熟虑"。

29. 我往往避免做那种使我感到低下的工作。

30. 在评价资料时，我觉得资料的来源比其内容更为重要。

31. 我不愿意去做些不确定和不可预言的事。

32. 我喜欢一门心思苦干的人。

33. 一个人的自尊比得到他人敬慕更为重要。

34. 我觉得那些力求完善的人是不明智的。

35. 我宁愿和大家一起努力工作，而不愿单独工作。

36. 我喜欢那种对别人产生影响的工作。

37. 在生活中，我经常碰到不能用"正确"或"错误"来加以判断的问题。

38. 对我来说，"各得其所"、"各在其位"是很重要的。

39. 那些使用古怪和不常用的语词的作家，纯粹是为了炫耀自己。

40. 许多人之所以感到苦恼，是因为他们把事情看得太认真了。

41. 即使遭至不幸、挫折和反对，我仍然能够对我的工作保持原来的精神状态和热情。

42. 想入非非的人是不切实际的。

43. 我对"我不知道的事"比"我知道的事"印象更深刻。

44. 我对"这可能是什么"比"这是什么"更感兴趣。

45. 我经常为自己在无意之中说话伤人而闷闷不乐。

46. 纵使没有报答，我也乐意为新颖的想法而花费大量时间。

47. 我认为，"出主意无甚了不起"这种说法是中肯的。

48. 我不喜欢提出那种显得无知的问题。

49. 一旦任务在肩，即使受到挫折，我也要坚决完成之。

50. 从下列形容词中，挑选出 10 个你认为最能说明你性格的词，并在其后面的格子里打上记号：

精神饱满的		有说服力的		实事求是	
虚心的		观察力敏锐的		谨慎的	
束手束脚的		足智多谋的		自高自大的	
有主见的		有献身精神的		乐意助人的	
性急的		高效的		高尚的	
坚强的		老练的		有克制力的	
热情的		时髦的		自信的	
不屈不挠的		有远见的		机灵的	
好奇的		有组织力的		铁石心肠的	
思路清晰的		脾气温顺的		有理解力的	
拘泥形式的		不拘礼节的		理解力一般的	
有朝气的		严于律己的		精干的	
讲实惠的		感觉灵敏的		无畏的	
严格的		一丝不苟的		谦逊的	
复杂的		漫不经心的		柔顺的	
创新的		泰然自若的		渴求知识的	
实干的		好交际的		善良的	
孤独的		不满足的		易动感情的	

题号选择与相应得分：

	A	B	C		A	B	C
1	0	1	2	14	4	0	−2
2	0	1	2	15	−1	0	2
3	−4	1	0	16	2	1	0
4	2	0	3	17	0	1	2
5	2	1	0	18	3	0	−1
6	−1	0	3	19	0	1	2
7	3	0	−1	20	0	1	2
8	0	1	2	21	0	1	2
9	3	0	−1	22	3	0	−1
10	1	0	3	23	0	1	2
11	4	1	0	24	−1	0	2
12	3	0	−1	25	0	1	3
13	2	1	0	26	−1	0	2

(续)

	A	B	C		A	B	C
27	2	1	0	39	−1	0	2
28	2	0	−1	40	2	1	0
29	0	1	2	41	3	1	0
30	2	0	3	42	−1	0	2
31	−0	1	2	43	2	1	0
32	0	1	2	44	2	1	0
33	3	0	−1	45	−1	0	2
34	−1	0	2	46	3	2	0
35	0	1	2	47	0	1	2
36	1	2	3	48	0	1	3
37	2	1	0	49	3	1	0
38	0	1	2				

下列每一个形容词得 2 分

精神饱满的	观察力敏锐的	不屈不挠的
柔顺的	足智多谋的	有主见的
有献身精神的	有独创性的	感觉灵敏的
无畏的	创新的	好奇的
有朝气的	热情的	严于律己的

下列每个形容词得 1 分

自信的	有远见的	不拘礼节的
不满足的	一丝不苟的	虚心的
机灵的	坚强的	

其余得零分

分数计算表：

110～140	创造性思维能力非凡
85～109	创造性思维能力很强
56～84	创造性思维能力强
30～55	创造性思维能力一般
15～29	创造性思维能力弱
−21～14	几乎没有创造性思维能力

【请你想一想】

什么是创造性思维？

为什么我跟别人的创造性思维能力有所不同？

创造性思维能力是天生的吗？

你有信心提高自己的创造性思维能力吗？

如何才能培养创造性思维能力？

【让我告诉你】

一、什么是创造性思维

创造性思维(Creative Thinking)，是指运用新颖的、独创的方法解决问题，产生新思想、新假设、新原理的思维。它是人类思维的高级形式，也是智力水平高度发展的表现。创造性思维不仅能揭示客观事物的本质和规律，还能引导人们去获得新知识或新解释，从而产生新颖的、前所未有的思维成果。

二、创造性思维的特征

- 流畅性。反应既快又多，能够在较短的时间内表达出较多的观点。
- 变通性。思维能随机应变、举一反三，不易受心理定势的干扰，能产生超常的构想，提出新观念。
- 独特性。对事物具有不寻常的独特见解。

课堂上的创造性思维

老　师：水是我们的朋友，我们人人都离不开水，请同学们在最短的时间内说出水的用途，说得越多越好。

张　楠：水能喝，能洗菜、做饭，水能刷牙、洗头，水能浇花……

赵　新：水能养鱼、养蛙、养鳖，水能发电，水能灌溉农田，水能救火，工业需要水，农业需要水，建筑业也需要水……

吴　怡：水能载舟亦能覆舟，水能救人也能害人……

老　师：以上几位同学说得非常好，他们的思维活动都属于创造性思维。

张楠同学的思维具有流畅性，流畅性是指特定时间内迅速作出正确答案。这是发散性思维熟练程度的标志。

赵新同学的思维具有变通性，变通性是指思路灵活，作出的答案具有类别变化。赵新同学的思维不局限于日常生活当中，有新的思路和想法。

吴怡同学的思维具有独特性，独特性是在变通性的基础上，又有新型的、稀有的答案。独特性是创造性思维最高层次的特征，也是创造性思维最重要的标志。

案例来源：《营销策划：理论与技艺》，作者张丁卫东

三、培养创造性思维的方法

创造性思维是能够一天天培养起来的，卓别林曾有过一句令人回味的话："和拉提琴、弹钢琴相似，思考也需要每天练习"。因此我们可以通过有意识的活动来培养自己的创造性思维。

1. 头脑风暴法

即像暴风骤雨一样给思想以猛烈的冲击，碰撞出思维的火花。头脑风暴法的实质是创造一种思维相互撞击、借助集体力量产生"共振效应"的情境。在这种相互启发、相互激励、相互感染的氛围中，能有效地打破个人固有观念的束缚，摆脱思维的僵化、迟钝状态，解放被禁锢的想象力。研究表明，团体式的自由联想力比独自一人时增加65%～93%。

2. 对立思考法

指用与已有事物、经验完全对立的角度来思考，使问题得到创造性解决的一种方法。例如，英国科学家法拉第从电产生磁的现象中得到启发，反过来提出问题，磁能不能产生电呢？通过实验，他发现了电磁感应现象。

3. 转换思考法

即通过事物之间的转换，使问题获得解决的一种方法。数学学科中的数形转换，用代数方法解决几何问题，或用几何方法解决代数问题，也是该策略在具体学科中的应用。

4. 移植思考法

移植是将某个领域的原理、技术、方法引用或者渗透到其他领域，用以改造或创造新事物的一种思维方法。在科学史上，许多新发现、新发明均来自于移植。例如，美国阿波罗11号所使用的月球轨道指令舱与登月舱的分离方法，实际上就移植于巨轮不能泊岸时用驳船靠岸的办法。

5. 分合思考法

是将思考对象的有关部分分开或者合并，设法找出解决问题的新思路、新方法的思维方式。小学生喜爱的橡皮头铅笔的发明就是典型的组合思路的运用。铅笔和橡皮原来是分开的，一天，美国人威廉到朋友家玩，看到他的朋友正在用铅笔画画，铅笔的一端绑着一块橡皮，于是得到了启发："要是有一种带橡皮的铅笔，人们使用起来不是就能方便了吗？"通过努力，威廉终于发明了橡皮头铅笔。

【学着做一做】

排除以下心理障碍：

- 自我满足
- 刻板僵化
- 因循守旧

- 崇拜权威
- 主观臆断
- 害怕失败
- 妄自菲薄

任务2　破除思维定势

【任务描述】

既然你已经知道了什么是创造性思维以及培养创造性思维的基本方法，那么就让我们进一步学习打破旧的思维模式，为提高创造力打下基础。

"开瓶费"的解决之道

餐馆能不能允许消费者自带酒水，该不该收取"开瓶费"？由于没有相关法律明确规定，长期以来经营者和消费者各执一词，争论不休。

迄今为止，作为论战的一方，餐馆经营者关注的始终是如何阻止消费者自带酒水，却极少能想出让消费者不带酒水而欣然就餐的妙招。在竞争日趋激烈的餐饮市场，如何用创新思维实施差异化经营，有效化解"开瓶费"之争，考验的是经营者的智慧。

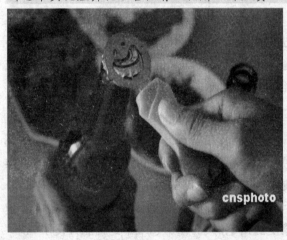

南京有一家大众连锁餐饮企业也曾与消费者有过"开瓶费"之争，企业客源不稳定，效益上不去。去年夏天，该酒店一招有违传统"行规"的"杀手锏"震惊石城餐饮业：在4家连锁店内开设"酒水超市"，上百种酒类和饮料与超市同价。该酒店负责人告诉记者，开设"酒水超市"半年来，食客天天爆满，没有一人要求自带酒水。虽然毛利率下降了，但各连锁店月营业额却从原来的15万元猛增到20多万元，利润总额大增。不仅如此，酒店还树立了良好的形象，新开的法式铁板烧餐厅于元旦在新街口地区一露面，就受到消费者的热捧。

案例来源：餐饮资讯网(www.beat.com)

【请你想一想】

在营销者看来，"开瓶费之争"这一问题的焦点是什么？

在消费者看来，"开瓶费之争"这一问题的焦点是什么？

为什么这一问题在很多餐馆得不到解决？

南京这家大众连锁餐饮企业为什么解决了这个问题？

你从中受到了什么启发？

【让我告诉你】

在长期的思维实践中，每个人都形成了自己所惯用的、格式化的思考模型，一有问题就沿着固有的思维路线对它进行思考和处理，这就是思维定势。

- 权威定势。对权威的信息往往不加思考，一旦发现与权威相违背的观点和理论，便想当然地斥之为异端邪说而弃之不理。
- 从众定势。别人怎样做，我也怎样做；别人怎样想，我也怎样想，这就是思维的从众定势。
- 经验定势。是指安于习惯，安于惰性，安于轻车熟路。
- 书本定势。不知不觉中沿着书本已介绍过的知识进行思考与行动。
- 非理性定势。自己喜欢的就一切都好，讨厌的就一切都不好。

毕加索说过："创造之前必先破除"。破除什么？关键是破除头脑中的思维定势。所谓破除思维定势，就是训练自己的大脑用不同方式思考，摆脱已有经验束缚。在摆脱的过程中大脑会捍卫既有习惯、坚守经验，需要反复努力才能破除思维定势。

【一起做一做】

实训 1 破除权威定势的训练

1938 年 9 月 21 日，一场凶猛异常的飓风袭击了美国的东部海岸，飓风携带着巨浪以每小时超过 100 英里的速度向北挺进，这时，水墙已经达到近 40 英尺高，长岛的一些居民手忙脚乱地跳进他们的轿车，疯狂地向内陆驶去，没有人能精确地知道，有多少人在这场生死赛跑中，因为输掉了比赛而失去了生命。

其实，当地气象学家们已预测到了这场飓风的规模和到来时间，但因为一些不便公开的原因，气象局并没有向公众发出警告。事实上，绝大多数的居民通过家中的仪器或者其他渠道都获知飓风即将来临，但由于作为权威部门的气象局并没有发出任何预报，居民们都出人意料地对即将到来的大灾难漠然视之。

"后来，许多令人吃惊的故事被披露出来，"曼彻斯特写道，"这里有一个长岛居民的经历。早在飓风到来前几天，他就到纽约的一家大商店订购了一个崭新的气压计。9 月 21 日早晨，新气压计邮寄了过来。令他恼怒的是，指针指向低于 29 的位置，刻度盘上显示：'飓风和龙卷风'。他用力摇了摇气压计，并在墙上猛撞了几下，指针也丝毫没有移动。

气愤至极的他，立即将气压计重新打包，驾车赶到了邮局，将气压计又邮寄了回去。当他返回家中的时候，他的房子已经被飓风吹得无影无踪了。"

这就是绝大多数当地居民采取的方式。当他们的气压计指示的结果没有得到权威部门的印证时，他们宁愿诅咒气压计，或者忽略它，或者干脆扔掉它！

案例来源：人民网——国际政治漫画与文摘(www.people.com.cn)

【问题】有人群的地方就会有权威，人们对权威普遍怀有尊崇之情，进而演变为神化和迷信。

【目标】保持创意思维的活力，削弱头脑中的权威定势。

【方法】破除权威定势训练。

训练 1　权威经常依赖于"权威效应"

权威的话就一定正确吗？你敢挑战权威吗？找出权威的某个论断，在课堂上呈现并提出你的观点。你能从中得出什么结论？

训练 2　"过时的权威"

请在头脑中回忆一两个十年或二十年前自己敬畏的权威，如今他们还是权威吗？再设想一个当代的权威，思考十年后，这位权威的观念和学说会变得怎样。

训练 3　"外地的权威"

请列举某个权威性论断，想一想，那位权威是否是外地的？也就是说，他的论断是否同样适合本地的具体情况。

训练 4　"别的领域的权威"

一位电影演员推荐的小儿药品你相信吗？一位游泳健将就肯定能制造出高质量的运动衫吗？问自己：他是哪个领域的权威？他对这一行有研究吗？他那些言辞对这个领域有价值吗？

训练 5　"借助外部力量的权威"

遇到某一权威时想一想：他是不是被政治力量推上某一领域的要职的，或是因财大气粗而成为权威的？他之所以为权威，是凭借自己的实力，还是凭借外力？

训练 6　"与权威的自身利益有关"

即便是一位真正的权威，而且就在他的权威领域发表意见，也请你看看是否与他自身的利益有关。一位科学家发明了一个营养保健品，那么他自己对该产品的评价就会失去权威性。一次科研课题或产品鉴定会，假如权威们得到了优厚款待，那么鉴定的结果是否还有足够的权威性？如看到某权威在卖力地推荐某产品或某观念，首先想一想：它与权威的利益有没有关系？

实训 2　破除从众定势的训练

　　物理学家福尔顿，由于研究工作的需要，测量出了固体氦的热传导度，但他测出的结果，比过去理论上计算出的数字高出 500 倍。

　　福尔顿大吃一惊："这差距也太大了！"

　　该不该把这一结果公之于世呢？福尔顿想，如果将它公之于世，有可能引起科学界的轰动，但也可能会被人认为是标新立异、哗众取宠，以致招来一大堆怀疑、非议和指责。想来想去，福尔顿迟疑了——算了吧，何必去招惹那么多麻烦呢！于是，他把这一研究成果放在了一边。

　　可没过多久，一位年轻的美国科学家，在实验时也测出了热传导度，而且和福尔顿测出的结果一模一样。一阵惊喜过后，这位年轻的科学家，采取和福尔顿截然相反的态度，很快将它公之于世，引起了科学界的广泛关注和赞誉。更为可贵的是，这位科学家并没有就此止步，而是继续推陈出新，创造出一种全新的测量热传导度的方法。

　　　　案例来源：山东工贸职业技术学院《学习型组织与创新学》精品课程网站(www.sdgmxykt.cn)

【问题】一般人都会有从众心理，这是避免风险的好办法。

【目标】保持创意思维的活力，破除头脑中的从众定势。

【方法】破除从众定势训练。

训练 1　请参加"动物聚会"的游戏

把全班同学分成若干组，然后每 2 人相对而立，按照自己的属相学某种动物的叫声或动作，不要怕"出丑"，学叫的声音越大越逼真、学做的动作越形象越"放得开"越好。也可以再大胆一点，在公共场所做这个训练，体会别人惊异、嘲笑的目光，提高自己因做了一件与众不同的事情而承受环境压力的能力。

训练 2　提出一种与众不同的观念

开动脑筋，想出一种与众不同的观念，不追求高明和实用，只要与人们的日常习惯相冲突，然后把自己的新观念告诉朋友和刚认识的人，听听大家的反应，体会社会的从众势力有多强大，也能锻炼你"反潮流"的胆量。面对大家的指责、嘲讽和反对，你应心平气和地辩解，尽力说服他们，让多数人承认新观念中有可取之处。你还可以发明或改进一种物品，与"理所当然"的物品不同就行，同样要大力宣传、辩护，仔细观察不同人的不同反应。

通过这类练习，你能够体会到众人的评论和嘲笑没什么了不起，从而逐渐削弱思维中的从众定势。

训练3　扮演"傻子"的讨论会

在一个讨论严肃问题的有关会议上，请一个思维敏捷、知识丰富并富于表达能力的人扮演"傻子"的角色，他总提出与众人相反的论点，使用某种莫名其妙的方法或荒唐可笑的逻辑，其目的是刺激讨论会的气氛，打破团体一致的思考方法，促使创意的出现。

实训3　破除经验定势的训练

有这样一个问题：一位公安局长在路边同一位老人谈话，这时跑过来一位小孩，急促地对公安局长说："你爸爸和我爸爸吵起来了！"老人问："这孩子是你什么人？"公安局长说："是我儿子。"请你回答：这两个吵架的人和公安局长是什么关系？

这一问题，在100名被试者中只有两人答对！后来对一个三口之家问这个问题，父母没答对，孩子却很快答了出来："局长是个女的，吵架的一个是局长的丈夫，即孩子的爸爸；另一个是局长的爸爸，即孩子的外公。"

经验定势是怎么形成的？经验定势是在思维过程中形成的。

案例来源：连网互动社区网站(bbs.350550.com)

【问题】为什么儿童经常会产生创造性思维？因为他们生活经验少，不容易被经验定势局限。

【目标】保持创意思维的活力，破除头脑中的经验定势。

【方法】破除经验定势训练。

训练1　"逆经验反应"训练

大量日常经验使每个人对外界刺激物形成了一套固定的反应模式，打破它将对增强创新意识大有帮助。例如：①中午去食堂吃一个几乎从来不吃的菜；②下大雨时不打伞走出去；③放寒假不回家，自己在外过一次春节；④讨论时第一个发言；⑤电话铃响着，不去接；⑥无缘无故地给异性献花……

训练2　风险意识测定

打破经验定势，同样要承担很大的风险。以下问题只是测试一下你有多大的冒险勇气，并非要你实际去做，尽管你也许真的敢做。本训练首先是敢想，"连想都不敢想"就无法训练创意思维。①如果驯兽师说，他能保证你的安全，你敢和他一起进入关着老虎的铁笼内吗？②没有经过训练，你敢不敢驾驶帆船？③一匹马受惊狂奔，你敢不敢抓住它的缰绳？

实训4　破除书本定势的训练

一个生物学家到野外考察，看到一头犀牛朝他冲来，原本打算自卫的生物学家看到犀牛在摇头，便驻足观察，因为书上说犀牛摇头有两种可能：或是对对方无攻击欲，或是对异性产生好感。生物学家于是走近它，细致地观察起来。突然，犀牛发起攻击，毫无准备的生物学家就此葬身。原来，犀牛摇头是要驱赶耳朵里的蝇子。可以说生物学家是由于大意才失去生命，也可以说是因为他对书籍、对权威的迷信而失去辨别的能力。

案例来源：哲商小学网站(www.2hshxx.com)——《孩子，路要靠自己走》一文

【问题】读过书的人容易产生书本定势，在某些时候，为了激发新创意，还需要我们把书本强行忘掉，努力摆脱已有知识的束缚，跳到"无知"的另一面。

【目标】保持创意思维的活力，破除头脑中的书本定势。

【方法】破除书本定势训练。

训练 1 "正反合"读书法

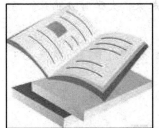

拿到一本理论类的书，用不同的方法和眼光认真读三遍，你会有一种全新的感觉。

第一遍是"正读"，首先假定书中的说法完全正确，你十分赞同作者的观点；然后你一边读，一边为书中的看法补充新的证据、材料和论证方法。

第二遍是"反读"，假定书中所有的观点都是错误的，你读此书的目的，就是要找出错误并一一驳倒它们。也许一开始很困难，这一方面是过去读书的习惯使然；另一方面是你还没有真正把握书中所讲的内容。但任何理论上的阐述，都不可能天衣无缝。

第三遍是"合读"，就是把"正读"与"反读"的结果综合起来，在此基础上对书中所讨论的内容，提出自己的新看法。到这一步，应该说达到了读书的最高境界——既读"进去"又读"出来"了。

训练 2 书本与现实的差距

想一想，怎样从现实中找到具体事例来反驳下列知识性论断？①男人比女人有力气；②开卷有益；③众人拾柴火焰高；④冬天比春天冷；⑤瑞雪兆丰年；⑥用电脑写作既方便又迅速。

训练 3 设想多种答案

书本上提供的答案往往是"唯一的"、"标准"答案，它会束缚头脑，降低创新意识。如果我们面对一个问题，尽可能多地给出越新奇越好的多种答案，创意思维水平就可以得到提高。

例如："大雁为什么向南飞？"答案：向北飞路太远；会女朋友；锻炼；减肥；北方是工业国家，南方是经济不发达地区，工厂少，空气好；……

就以下问题设想多种答案：①同学的名字怎么来的？②两个熟人见面为什么不打招呼？③花朵为什么颜色不同？

实训 5　破除非理性定势的训练

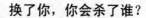

换了你，你会杀了谁？

问题一：如果你知道一个女人怀孕了，她已经生了 8 个小孩子了，其中有 3 个耳朵聋，2 个眼睛瞎，1 个智能不足，而这个女人自己又有病，请问，你会建议她堕胎吗？

问题二：现在要选举一名领袖，而你这一票很关键，下面是关于 3 个候选人的一些事实。

候选人 A：跟一些不诚实的政客有往来，是一个老烟枪，每天喝 8 到 10 杯的马丁尼。

候选人 B：他过去有过两次被解雇的记录，经常睡到中午才起来，大学时吸鸦片，而且每天傍晚会喝一大夸特威士忌。

候选人 C：他是一位受勋的战争英雄，素食主义者，不抽烟，只偶尔喝一点啤酒。对妻子忠贞如一。

请问你会在这些候选人中选择谁？

答案：

问题一——你会建议那个妇女去堕胎吗？如果会，那样你就杀了贝多芬，她是贝多芬的母亲。

问题二——候选人 A 是富兰克林·罗斯福，候选人 B 是温斯顿·丘吉尔，候选人 C 是阿道夫·希特勒。

案例来源：半壁江原创文学网(www.banbijiang.com)

【问题】创造就意味着放弃和否定，而放弃和否定通常会包含感情上的割舍，这对多数人来说是极为困难的，一定的感情影响着人们思考的倾向和范围，自己喜欢的就一切都好，讨厌的就一切都不好。

【目标】针对这种偏向，应学会 "推迟判断" 和 "朝反面想"。

【方法】破除非理性定势训练。

训练 1　"理性的想象力"训练

静坐闭眼，不用任何计时工具，想象一下一分钟有多长，力求尽量精确。

这个训练主要是培养清晰、鲜明、准确的理性想象力。想象时应摒除个人感情、欲望、情绪的干扰。

训练 2　"日记反省"

当你经历了一场非理性冲击，例如吵了一架之后，当晚要平心静气地写一篇日记，用理性反省一下自己的得失，找出导致非理性的原因。这样做的好处是平静情绪，减弱非理性影响；找出引发非理性的因素，以利于今后遇到类似情况能理智控制，提高思维质量。经常翻看日记，还能减弱思维中的非理性定势。

任务 3 扩展思维视角

【任务描述】

既然你已经学会了"破旧"——打破旧的思维模式，那么就让我们一起"立新"——进行创意视角的扩展训练，提高创造力。

请大家独立思考，然后对每个命题进行"是"或"否"的判断

问题 1：地球是圆的。

问题 2：1+1＝10。

问题 3：人是由猿猴进化而来的。

问题 4：能力比知识更重要。

问题 5：战争有利于促进社会发展。

问题 6：存在的就是合理的。

问题 7：电脑的智能永远不可能超越人脑。

问题 8：历史是由英雄人物创造的。

问题 9：所有的大师都是自学成才的结果。

问题 10：教育有可能把人教得越来越愚蠢。

问题 11：转基因食品有害人体健康。

问题 12：应当立法允许克隆人出生。

问题 13：幸福是一种心境，与物质条件无关。

问题 14：思维是一种技能，像唱歌、绘画一样可以传授。

问题 15：知识就是力量。

问题 16：成功主要靠聪明而不是靠勤奋。

问题 17：这个世界上有方形的西瓜。

问题 18：奶牛可以在天上飞。

问题 19：一支铅笔可以有 2000 种用途。

问题 20：管理应当以制度为本，而不是以人为本。

案例来源：世界经理人社区——柔性思维训练网站(bbs.icxo.com)

【请你想一想】

上面这些问题的答案是唯一的吗？

如果你跟其他同学意见不一，你会怎么想？

你以前、现在和将来对这些问题的答案不会改变吗？

你能举出铅笔的几种用途？

如果你想成功，你有哪些办法？

【让我告诉你】

思维视角就是思考问题的角度、层面、路线或立场，主要有以下几种。

- 定性视角：思考时总爱在脑子里给这个事物下一个定性的判断，并以此来表明我们对它的基本态度。
- 发展视角：往日视角与来日视角的统称。
- 主体视角：以自我为中心去观察和思考外界的事物，并以自己的标准尺度来衡量和评价好坏优劣。
- 关联视角：包括求同视角和求异视角。求同视角就是把千差万别的事物联系起来思考，从而发现新创意；求异视角则关注事物之间的差异点，从而发现新创意。

- 操作视角：思维操作有"有序视角"和"无序视角"两种，大多数人都喜欢有序，而不喜欢无序；但从创意思维的角度看，就不尽然了，这主要看思维的不同阶段。

一位学者说过：你在做事时如果只有一个主意，这个主意是最危险的。我们同样有理由认为，你在思维时如果只有一个视角，这个视角也是最容易引人进入歧途的。

创意视角就是用不寻常的视角去观察寻常的事物，使得事物显示出某种不寻常的性质。而不寻常的性质，有时并非事物新产生的性质，而是一直存在于事物中的，只不过人们以前从未发现罢了。改变视角能够产生创意，我们用的是"思维转化"这一概念；但是改变视角并不是件容易的事。为了增强改变视角的能力，可以进行创意视角的扩展训练。

【一起做一做】

实训1　扩展定性视角的综合训练

【问题】"肯定视角"是指头脑思考一具体事物或某一观念时，首先设定它是正确的、好的、有益的、有价值的，然后循此视角，寻找其优点和价值；反之，"否定视角"就是从反面和对立面来思考事物或观念，把它们认定为错误的、坏的、有害的、无价值的，等等，并在这种视角下寻找其错误、危害、失败、缺欠之类的负面价值。

【目标】如果对某事物或现象，我们的头脑能够以"肯定"和"否定"两种视角进行思考，那就会避免偏颇，发现其中未为人知的新东西，提高创意思维能力。

【方法】扩展定性视角的训练。

训练 1　"肯定视角"训练

请用"肯定视角"思考下列事物和观念，就是找出它们的好处和积极因素，找出的项目越多越奇特越好：①世界性经济不景气；②产品的市场占有率逐年降低；③我的孩子今天逃学；④我刚配好的一副眼镜摔碎了；⑤我在车上丢了一百元钱；⑥工厂发生火灾；⑦刑不上大夫，礼不下庶人；⑧自己期末考试三门不及格。

训练 2　"否定视角"训练

请用"否定视角"思考下列事物和观点，就是找出它们的坏处和消极因素，项目越多越奇特越好：①我考上大学了；②父亲的工资增加了一倍；③天下太平，盗贼绝迹；④日用品价格降低；⑤我摸奖得了辆车；⑥久病得愈；⑦我喜欢的商品降价了。

训练 3　"否定视角"与"肯定视角"互换训练

请用"否定"和"肯定"两种视角，思考下列事物和观念，找出它们的好处和坏处，积极因素和消极因素，也是越多越奇特越好：①全球性气候变冷；②撤除所有国家的国界；③每个人都可以挑选任何一种职业；④废除死刑；⑤全国普降大雨；⑥你获一种魔力，想要什么就有什么；⑦实习单位给大学生发工资；⑧各级学校领导干部由抽签产生。

实训 2　扩展发展视角的综合训练

上海艺术家金锋先生塑造了秦桧夫妇的雕塑站像，并给作品起名为"跪了492年，我们想站起来歇歇了"。作者说，为秦桧夫妇塑站像不是为他平反，而是为了呼吁现代社会要重视人权和女权，因为秦桧夫妇的跪像，是人权和女权被侵犯、被压迫的表现。

【问题】头脑为了把握外界的事物和观念，便将动态的东西"截取"为"凝固"的东西来处理，这样就难以避免认识上的一种偏向：我们只看眼前事物而忽略它过去的来源和它将来的去向，即仅仅习惯于"今日视角"，而想不到用"往日视角"和"来日视角"观察世界。

【目标】往日视角就是考察事物和观念的起源、历史和以往的发展，把握了事物的过去，才能更好地思考事物的现在，有可能获得创意。

来日视角就是思考事物或观念的未来发展，预测它的发展方向和发展

图片和案例均来源于腾讯网(www.qq.com)

道路，并用预测的结果来指导我们的今天，指导今天对未来所持的态度。

我们生活在"今天"，当然只能说"今天"的话，办"今天"的事，但头脑却可以不受这种束缚，在"时间视角"的综合训练中，提高创意思维能力。

【方法】扩展发展视角的训练。

训练1　"生命倒流"的思维训练

请设想一下"生命倒流"：一个人不是从婴儿长到老年，而是颠倒过来，从老年长到幼年，情况会是什么样？请看——

人，从死亡中复生，睁眼看看世界，垂垂暮年，白发苍苍，靠养老金生活；过了些年，他成长为中年人，有一个不错的职业和职位，妻儿俱全，事业有成；又过了些年，长成为血气方刚的壮年汉子，在为谋职、购房、娶妻终日奔忙；十几年过去了，他成为了年轻人，在大学过着生机勃勃、浪漫自由的大学生活，正为一位钟情的女孩而爱心萌动！大学毕业后进入中学，又进入了小学、幼儿园，渐渐地呀呀学语成长为婴儿，享受甘甜的乳汁，直到最终进入母体变成胚胎。

如果生命的历程发生了上述逆转，我们所处的社会，自己的人生道路、生活模式、人际关系、价值观念等，将会发生哪些相应的变化？有位哲学家说的好：假如人能够倒过来活，至少有一半的人能够成为伟人！

训练2　"往日视角"训练

请用"往日视角"思考以下的事物和观念，并不要求你认清它们的真实来历，只需设想一下："它们有可能是怎样形成的？"追溯得越远越好，但要有条理，有基本的依据和想象力。

①脚下的一块石头；②房前的一棵树；③水中的两条小金鱼；④同学之间长达30年的友谊；⑤"四海之内皆兄弟"的思想；⑥"神仙"和"鬼怪"的传说。

训练3　"来日视角"训练

请用"来日视角"思考以下的事物和观念，同样不要求认清它们的真实发展，只需设想一下："它们在未来有可能是怎样的？"不使目光只盯在眼前，而把握它的未来发展。

①一根纯金项链；②达·芬奇的名画"蒙娜丽莎"；③金贸大厦；④朋友之间的友谊；⑤一夫一妻制；⑥长江和黄河；⑦投票选举制。

训练4　设想自己是"时间老人"，是超越时间之外、不受时间支配的人，然后用此眼光来观察和思考下列事物和观念，看它们在时间长河中的起落沉浮。

①绕着太阳转动的地球；②一个"山顶洞人"的头骨；③秦始皇；④岳飞；⑤"文化大革命"；⑥"男女授受不亲"的观念；⑦"万岁"和"永垂不朽"的含义。

实训 3   扩展主体视角的综合训练

自可口可乐宣布收购汇源果汁的消息一出，业界争论不休，民间舆论哗然。商务部召开有关此次收购的听证会，以避免"品牌流失"及"市场垄断"的出现。收购案进入浓厚的迷雾中。

回顾以往的外资收购事件，国人的种种担忧不无道理。曾在国内洗衣粉市场上风光无限的"熊猫"品牌被宝洁买断使用权后打入冷宫，宝洁自身品牌"汰渍"、"碧浪"将其取代；出口量曾占据全国牙膏出口总量 70% 的上海"美加净"品牌被联合利华租赁后"雪藏"，给联合利华旗下品牌"洁诺"让了路；小护士、乐百氏……太多的前车之鉴，急剧腾升的民族感情，无疑对可口可乐收购汇源构成舆论压力。

图片来源：新浪网导报
前线(www.sina.com)

在新浪网对此次收购进行的调查中显示，共有 36 588 人参与，其中，82.36% 的人反对可口可乐收购汇源果汁；83.53% 的人认为这项收购是否涉嫌外资消灭民族支柱企业；57.56% 的人不看好可口可乐收购后的汇源果汁。

案例来源：《中国企业报》，2008.9.17

【问题】"自我视角"中的"自我"包括个人、团体、民族和人类 4 个节点，即从"个人自我"到"团体自我"；从"团体自我"到"民族自我"；从"民族自我"到"人类自我"三个层次。我们总是习惯以自我为中心去观察和思考外界的事物，并以自己的标准尺度来衡量和评价好坏优劣。这并不错，唯一的问题是，我们应该时刻提醒自己：别人与我不完全相同。然而真正认识到这一点并不容易。

【目标】首先是观察和思考自身，力求超越自我；其次，可以试着理解别人。

【方法】扩展主体视角的训练。

训练 1   "自我视角"训练

结合自己的思维过程，寻找各种"自我视角"并指出其偏狭之处。

①宿舍里的同学总喜欢关窗户，我不喜欢关窗户，我能不能理解他(她)？②我能不能与个性不同的人友好相处？③我能不能宽容某些自己看不惯的言行举止？④我对佛教徒有什么样的评价？⑤我对圆明园兽首事件怎样看？⑥如果有经济能力，我会穿动物皮毛做的衣服吗？

训练 2   用两种视角思考

● 用"自我"和"非我"两种视角，思考下列关于个人方面的事物和观念，特别要注意其中的合理性与不合理性。

①烟酒不是毒品；②吃生大蒜；③路见不平，拔刀相助；④生命诚可贵，爱情价更高。

● 用两种视角思考团体。

①少数服从多数；②经常"跳槽"的人；③自己的团体值得夸耀和亟待改进的地方。

● 用两种视角思考民族。

①韩国前总统卢武铉为什么自杀？②美国大学为什么特别愿意录取外国的贫困家庭学生？③ 2009 年 6 月 6 日，在纪念诺曼底登陆 65 周年的活动期间，有英国和美国老兵为阵亡的德国士兵献花。

● 用两种视角思考人类。

①人定胜天；②动物保护；③外星人的存在。

实训 4　扩展关联视角的综合训练

【问题】头脑为了把握一个事物的本质特点，便排斥相关的东西，这样就难以看到事物之间的联系。

【目标】求同视角就是在思维中，抓住两种事物或观念之间的或多或少的相同点，便能够把千差万别的事物联系起来思考，从而发现新创意。求异视角则关注事物之间的差异点。

【方法】扩展关联视角的训练。

训练 1　生命是什么

请用形象化的比喻说明生命是什么。把你理解的生命与一个具体的事物作"求同"、"求异"的思索，例如：

①生命如同炒菜，菜肴的味道取决于调料和技术；可以按固定不变的他人制定的菜谱炒菜，也不妨由你自己自由发挥。②生命如同一串散乱的念珠，随便你怎样串连组合，都能够变得五光十色。③生命是一座你不想找到出口的迷宫。

训练 2　描述自己的工作或学习的单位

你的工作或学习的单位怎么样？有什么特点？用 "求同"、"求异"两种视角进行思考，并用比喻来描述。例如：

我们的单位就像一艘古代的大木船，有的人用尽全力划桨，还喊着号子，想着点子；有的人半心半意地划桨，桨只随船而动；有的人根本不划桨，袖手旁观还说三道四，嫌有人划桨太用力；时不时还有人跳下水游到别的船上去；不少人也随时准备跳，我们的船长却视而不见，是根据后边航迹来掌握方向的。

训练 3　物品组合

下列物品可以和哪些别的物品组合成新的物品：普通手表、手提包、铅笔盒、皮手套、自行车、图书、火车票……

实训 5　扩展操作视角的综合训练

【问题】思维操作有"有序视角"和"无序视角"两种，大多数都喜欢有序，而不喜欢无序。

【目标】从创意思维的角度看，无序未必是坏事，这主要看思维的不同阶段。"无序视角"是指在创意思维的初期阶段，应该尽可能地打破条条框框，来一番混沌型的无序思考，以便充分激发想象力，达到更好的创意效果；"有序视角"则指在无序思考之后，有了新观念、新方案，还需有序化，使创意具有可行性，有序思考应按照逻辑来进行，实实在在地进行可行性论证。

【方法】扩展操作视角的训练。

训练 1 关于"生活在别处"的无序思考

如果你从小生活在广东，你的生活将会发生哪些不同？越具体越好。①你的身体会发生怎样的不同？②心理会发生哪些不同？③朋友会怎么样？④会上什么大学？⑤会穿什么衣服？⑥喜欢吃什么？

训练 2 多种操作方法的思考

同一目的可用多种操作方法来完成，做下列事情有哪些方法，越多越奇妙越好。

①让吵闹的小孩安静下来；②把湿衣服弄干；③迫使化工厂迁出居民区；④请某跨国企业老总到学校来；⑤冬天取暖；⑥让朋友主动还你钱；⑦让卖水果的白送你几个橘子。

训练 3 多种操作用途的思考

同一操作方法能得到多种目的，请想一想以下操作方法能达到哪些目的，越多越奇妙越好。

①打；②跑；③把完整的东西拆开；④涂上颜色；⑤改变态度；⑥推迟一段时间；⑦曲别针可以变成什么？

吸引眼球——发现好的广告创意

【知识目标】

- 知道什么是广告创意。
- 了解好的广告创意。
- 掌握广告创意的原则。

【能力目标】

- 能够识辨好的广告创意。
- 能够运用广告创意三原则进行广告创意。

【单元概述】

- 广告创意就是广告作品的灵魂。广告作品是可以看得见的，而广告创意则是构成广告作品的视觉形象和各种符号背后的思想。
- "创意"译自英文 create、creative 或 creation，有时 idea 也被译为"创意"。
- ROI 理论是一种实用的广告创意原则，是 20 世纪 60 年代由广告大师威廉·伯恩克创立的 DDB 广告国际有限公司根据自身创作积累总结出来的一套创意理论。该理论的制造者伯恩克是艺术派广告的大师，他认为广告是说服的艺术，广告"怎么说"比"说什么"更重要。该理论的基本主张是：优秀的广告必须具备三个基本特征，即关联性(Relevance)、原创性(Originality)、震撼力(Impact)，缩写就是 ROI。

【实践步骤】

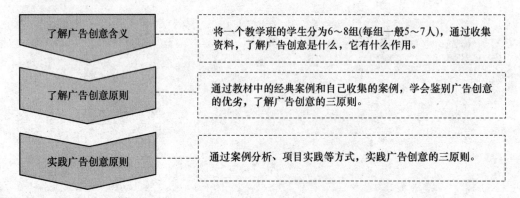

了解广告创意含义	将一个教学班的学生分为6~8组(每组一般5~7人)，通过收集资料，了解广告创意是什么，它有什么作用。
了解广告创意原则	通过教材中的经典案例和自己收集的案例，学会鉴别广告创意的优劣，了解广告创意的三原则。
实践广告创意原则	通过案例分析、项目实践等方式，实践广告创意的三原则。

【要点提示】

● 广告创意是广告作品的灵魂。

● 把握广告创意的内涵，第一必须紧扣广告主题；第二必须与受众进行有效沟通。

● 广告创意的三原则是关联性、原创性、震撼性。

● 实现 ROI 必须解决下面五个基本问题：广告的目的是什么？广告的对象是谁？品牌有什么特别的个性？何种媒体最合适？受众的突破口和切入口在哪里？

● 同时实现"关联"、"创新"和"震撼"是个高要求。针对消费者需要的"关联"并不难；有关联且点子新奇也容易办到；真正难的是，既要"关联"，又要"创新"和"震撼"。

任务1 了解广告创意

【任务描述】

什么是广告创意？广告创意有什么作用？它与广告制作有什么关系？大师们的广告创意是怎样做的？怎样才能做出好的广告创意？让我们一起来了解一下。

李奥·贝纳与万宝路

1924 年，菲立浦·莫里斯公司在美国市场推出一种针对妇女市场的万宝路(Marlboro)香烟，它的广告口号是"像五月的天气一样温和"。可是，尽管吸烟人数年年上升，万宝路的销路却始终平平，只在香烟市场占了 1%的份额。尽管他们曾针对妇女的抱怨，把容易染上唇膏的白色烟嘴改成红色；后来又加上过滤嘴，万宝路仍然不见起色。

菲立浦·莫里斯公司抱着"死马当活马医"的心理，向李奥·贝纳广告公司求助。李奥·贝纳经过详细的市场研究和深思熟虑，提出了一个广告史上最伟大的建议："让我们忘掉这个脂粉气十足的女子香烟吧，用万宝路创出一个充满男子汉气概的品牌来。"菲立浦·莫里斯的总经理剂·卡尔曼深深为这建议所吸引，同意了它。

在李奥·贝纳的创造下，一个崭新的计划诞生了：不对产品进行任何改造，采用当时首创的平开式盒盖进行包装，用红色作为外盒主要色彩；最重要的是，要在广告中塑造万宝路香烟的铮铮铁汉气概，吸引所有爱好、欣赏、追求这种气概的顾客。

目光深沉，满脸沧桑，粗犷豪迈，袖管高高卷起……这样一个理想的男子汉此刻在李奥·贝纳的脑海里萦绕。带着这样一个标准，李奥·贝纳先后试用了马车夫、潜水员、农夫等形象，最后终于选中了极富象征意味的西部牛仔。万宝路前期和后期广告创意的变化如图 2-1 所示。

就这样，1955 年，这个以牛仔为主角的男子汉气息十足的万宝路广告问世后仅一年，万宝路香烟的销量就奇迹般地提高了整整三倍，从默默无闻的品牌一跃成为美国销量第

10 的知名品牌。到 1968 年底，万宝路香烟已占美国市场的 13%份额，仅次于 RJR 烟草公司的云斯顿牌香烟。1975 年，借着广播电视禁制香烟广告的机会，更便于用于印刷媒介的万宝路牛仔形象成功地帮助万宝路登上了全美销量第一的宝座。

案例来源："万宝路牛仔：李奥·贝纳的毕生杰作"一文

图 2-1　万宝路前期和后期的广告创意

【请你想一想】

李奥·贝纳是什么人？

万宝路广告前后的创意有何不同？

万宝路香烟的广告创意在销售和推广上起到哪些作用？

广告创意有什么作用？它与广告制作有什么关系？

你对哪些广告印象比较深刻？它有什么优点？对产品或企业有什么影响？

你认为怎样才能获得好的、有价值的广告创意？它应该遵循一定的原则吗？

【让我告诉你】

一、广告创意的含义

所谓广告创意，就是在广告策划活动过程中，围绕最重要的商品销售信息和广告主题，凭借直觉力和技能，利用所获取的各种创造元素进行筛选、提炼、组合、转化并加以原创性表现的过程。

广告创意是广告制作的前提；广告作品则是广告内容与形式的有机组合，是广告创意的具体表现。即广告创意是一种创造性的思维活动，是把广告主题如何进行形象化、艺术化表现的思考；广告制作则是把创意思考成果具体化、物质化，直至完成作品的加工过程。

没有广告创意就谈不上广告制作，而广告创意则需要通过借助广告制作来具体表现。

> 美国广告大师詹姆斯·韦伯·扬以非常感性化的语言来描述创意："我想，创意有着某种神秘的特质，就像在脑海中会出现许多岛屿，那里充满奇幻的气氛。创意的出现，就像突然漂浮在脑际表面的岛屿和随之而来的奇幻气氛，并且是一种无法摆脱的状况。"

二、好的广告创意是怎样的

一个好的广告创意应具备 3 个基本特质：关联性(Relevance)、原创性(Originality)和震撼性(Impact)。这也被称为广告创意的"三原则"。

- 关联性要求广告创意要与商品、消费者、竞争者相关，没有关联性的广告就失去了广告的意义。
- 原创性要求广告创意要突破常规、出人意料、与众不同，没有原创力，广告就缺乏吸引力和生命力。
- 震撼性要求广告创意能够深入到人性深处，冲击消费者的心灵，没有震撼性，广告就难以给人留下深刻印象。

同时实现"关联"、"创新"和"震撼"是个高要求。针对消费者需要的"关联"并不难；有关联且点子新奇也容易办到；真正难的是，既要"关联"，又要"创新"和"震撼"。

三、实现 ROI 必须具体明确地解决 5 个问题

- 广告的目的是什么？
- 广告做给谁看？
- 有什么竞争利益点可以做广告承诺？有什么支持点？
- 品牌有什么独特的个性？
- 选择什么媒体是合适的？受众的突破口或切入点在哪里？

【一起做一做】

实训

【问题】
- 你喜欢这个广告创意吗？
- 它是否符合广告创意的"ROI"原则？
- 你从中受到什么启发？

【实训目的】
- 对广告创意的三原则有初步认识。
- 学会鉴赏不同的广告创意并从中受到启发。

【实训内容】
认真研读案例，在案例分析的基础上，了解创意的三原则。

任务2 看看哪些广告创意符合 ROI 原则

【任务描述】

一起来欣赏一下，看看哪些广告创意符合 ROI 原则，它们是怎样做到 ROI 的。

一、贝克啤酒的"禁酒令"(图 2-2)

文案：查生啤之新鲜，乃我酒民头等大事，新上市之贝克生啤，为确保酒民利益，严禁各经销商销售超过七日之贝克生啤，违者严惩，重罚十万元人民币。

关联性：在"禁酒令"与"酒"之间找到了关联。确实是"禁酒令"，但此"禁酒令"非彼"禁酒令"，不是"禁酒"，而是禁"不新鲜的啤酒"。有"正话反说"的效果。

震撼性：此广告文案借用了公文中"令"的写作形式和语言风格特点，将广告信息用规范的公文形式表现出来，产生了一种独特的说服力。

原创性：整个广告文案句子结构简要、语言表达严正，使人感受到贝克生啤制造商对推出这一营销新举措的严肃、认真、深究的态度。同时，用如此严正的形式来表达，"禁酒令"令受众领悟到创意者所提供的幽默玄机。会心一笑间，印象深刻。

图 2-2 贝克啤酒

案例来源：中国广告人网站(www.chinaadren.com)——创意策划；图片来自奥美广告

二、香港母乳育婴协会"支持母乳喂哺"(图 2-3)

文案：母乳含独特营养和抗体，是爱惜孩子的最佳表现。保护母子权利，靠人人出力。

请支持母乳喂哺。

　　关联性：母乳=正版，奶粉=盗版。

　　震撼性：两只有力的拳头砸向奶粉罐，力量之大使盖子都飞了起来，当然足够"震撼"。

　　原创性："打击翻版，支持原创"本身就是"原创性"的最好阐释。

图 2-3　打击翻版，支持原创

案例来源：豪禾印务网站(www.atobo.com.cn)；图片来自堂煌广告

三、台湾的黑人牙膏杂志广告文案"云、山、水"系列(图 2-4)

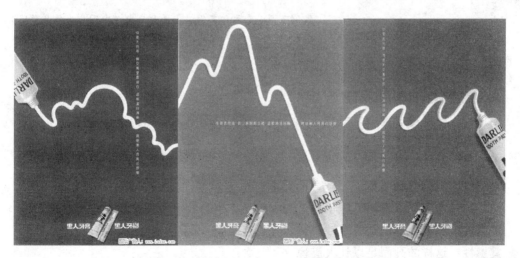

图 2-4　台湾黑人牙膏"云、山、水"系列

案例来源：豪禾印务网站；图片来自《龙吟榜》

文案：

- 仲夏去兜风 晴空万里云留白 这般洁白清新 就是黑人牙膏的感觉
- 仲夏去兜风 满山遍野都是绿 这般清凉舒畅 就是黑人牙膏的感觉
- 仲夏去兜风 海阔天空都是蓝 这般清洁舒畅 就是黑人牙膏的感觉

关联性：牙膏与自然之间通常找不到关联，然而在这则广告之中却找到了。"清新的感觉"就是牙膏与自然美景之间的关联。广告运用了文学语言，与背景画面一起，渲染了一种独有的气氛、建构了独有的意境，产生了独有的产品形象和独有的消费魅力。

震撼性：画面简洁，文字优美，创意单纯，色彩饱和，这还不够让人耳目为之一新吗？

原创性：牙膏广告的创意不只是"中国牙防组"、"有效除菌"、"防止蛀牙"……还可以有如此独特的视角。

四、环保公益广告(图 2-5)

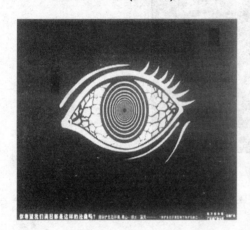 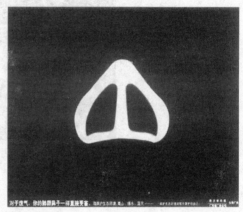

图 2-5　公益广告

案例来源：豪禾印务网站；图片来自《中国广告作品年鉴》

公益眼篇

文案：

你希望我们满目都是这样的沧桑吗？

请保护生态环境、青山、绿水、蓝天……保护生态就等于保护自己。

公益鼻篇

文案：

对于废气，你的肺跟鼻子一样直接受害。

请保护生态环境、青山、绿水、蓝天……保护生态就等于保护自己。

关联性：环境受损的结果是沙漠化、死亡，眼睛=沙漠，鼻子=骷髅。

震撼性：这样的画面足以让人震惊。

原创性：环保题材用沙漠、死亡等的已经不足为奇，但是把眼睛和鼻子的纹路和形象巧妙地融进主题，确实少见。

五、果汁广告(图 2-6)

文案：冰箱已是它的领地，活着还有什么意义。

关联性：果汁是水果的替代品，果汁卖得好，如果说卖香蕉的人要上吊，似乎也并不新鲜，但说香蕉要上吊……拟人化做到了极致。

震撼性：香蕉上吊了！她的姐妹篇还有苹果自杀、西红柿撞墙，画面很有冲击力。

图 2-6　果汁广告

图片来源：圆点视线网站(www.apoints.com)——果汁广告创意欣赏

原创性：以前怎么没有人想到呢？

六、戒烟公益广告(图 2-7)

文案：请您现在就戒烟，为了明天……

关联性：5 月 31 日是世界戒烟日，6 月 1 日是儿童节，"明天"的含义很深刻。

震撼性：黑白两色，稚嫩的字体，醒目的时间，简单却发人深省。

原创性：戒烟公益广告见过许多，有从危害身体健康入手的、有从保护环境入手的、也有从保护儿童免受二手烟的危害入手的，但是如此抽象又如此直接的关联，少见。

图 2-7　戒烟宣传公益广告

图片来源：设计资源协作网(www.drcchina.com)

七、VOLVO 汽车广告(图 2-8)

1996 年，在法国戛纳国际广告节上获得全场唯一大奖的 VOLVO 汽车广告，美国评委 Gary Goldsmith 给予评价说："它是一幅纯粹的视觉化创意。我认为我们所看到过的一些最好的东西，都是传递信息快、关联性强而无须费神去思考或阅读的。"

文案：一辆你可以信赖的车。

关联性：小小的别针和豪华昂贵的轿车之间能有什么联系呢？安全。

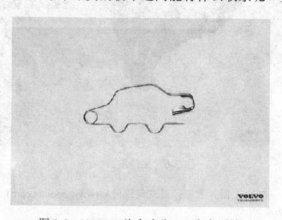

图 2-8　VOLVO 汽车广告——安全别针

图片来源：图客社区(www.tuke.com)

震撼性：安全别针和名车之间无论从体积、形态、价格和用途方面都有着"天壤之别"，一大一小、一重一轻、一贵一贱，强烈的反差和对比，使得我们无法想象别针和汽车之间会有什么样的联系。但是，创意的神来之笔就在于将 VOLVO 的灵魂和别针存在的价值融为一体。

原创性：汽车广告通常都用什么载体来诉求呢？成功男士、美女、小康之家、速度、马力、省油……很多很多，唯独这个创意者想到了安全别针。

八、意大利超市广告(图 2-9)

图 2-9　意大利超市广告创意

图片来源：科学网(www.sciencenet.cn)

Bufala：一种意大利的白色干酪；

Bufala Bill：水牛比尔，美国西部拓荒时代的传奇人物。

CappeLLetto Rosso：小红帽。

Cappelletto：意大利水饺。

关联性：白色干酪被做成了传奇人物的头像，巧的是他们还拥有同一个名字；意大利水饺被做成小红帽的样子，他们的名字听起来也很相似。名字、形象这两大元素将看似毫无关联的食物和传奇人物连接在了一起。这样的创意，需要多少阅历与学识！

震撼性：巧妙的关联、高饱和度的色彩，食物被赋予了灵魂。

原创性：拟人化处理食品的创意不少，但与人物之间更深层次的联系却很少有人挖掘。

九、德意志邮政公司广告(图 2-10)

关联性：快递就要突出一个"快"字，既然冰激凌都可以快递，又有什么不可以快递呢？

震撼性："冰激凌打包"位于画面中心，很简单的画面，不着一字，但却富于震撼性。

原创性：用冰激凌来突出"快递"，是前无古人的制作。

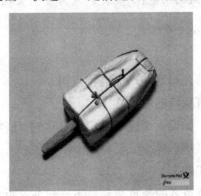

图 2-10　德意志邮政公司广告

图片来源：瑞士 JungvonMate/Alter Cmbh 广告公司

【一起做一做】

实训

【问题】

● 你喜欢这些广告创意吗？
● 你从中受到什么启发？

【实训目的】

● 对广告创意的三原则有初步认识。
● 学会鉴赏不同的广告创意并从中受到启发。

【实训内容】

认真研读案例，在案例分析的基础上，了解创意的三原则。

任务3　广告创意如何实现 ROI

【任务描述】

你一定很关心，ROI 很难做到吗？自己能做到 ROI 吗？让我们一起来找找看，实现广告创意的 ROI 有没有技巧？

活动1　如何实现原创性

宝洁公司每推出一个产品，都会把商品给消费者带来的具体好处说得清清楚楚，独一无二又有销售力度。海飞丝的诉求点是："去头屑"；飘柔说的是："洗发，护发二合一，令头发飘逸柔顺"；潘婷的特点是："含维他命原 B5，兼含护发素，令头发健康，加倍亮泽"；润妍又有与其他产品不同的功能："黑发，专为中国女性设计"。

【请你想一想】

作为消费者，你了解宝洁公司这些产品的特点吗？

是否每一个产品都应该有独特的卖点？

产品的卖点越多越好吗？如果一个洗发水广告宣称它"既能去屑，又能止痒，还能黑发，同时更能造型"，你会买吗？

产品的卖点建立在什么基础上？

产品本身的特点如果和消费者的最重要利益不一致怎么办？

产品本身的特点如果和竞争者的一样怎么办？

【让我告诉你】

一、原创性

又称原创力、独创性。原创性是与众不同的首创，是广告人在广告运作过程中赋予广告作品的独特吸引力和生命力。

- 原创是形式和内容的共同独创。
- 原创的根本目的是广告信息的有效传达。从本质上说，原创性就是打破常规，突破人们按照传统、经验和正常的思维过程都能够想到的信息传达办法。现代广告正面临新的挑战——产品同质化程度越来越强，一般诉求已经难以使作品脱颖而出，各种媒介的广告量越来越大，平淡无奇的广告越来越难以引起受众的兴趣，也要求必须在广告作品里体现出创造性。
- 原创性的特点是新颖、独特。新颖是指破旧立新，前所未有，不墨守成规；独特是指与众不同，别出心裁。
- 从产品、顾客、竞争三个角度发现原创性。

二、如何实现原创性——提炼你的 USP

USP 理论是 Unique Selling Proposition 的缩写，直译就是"独特的销售主张"。其基本点是，每一个广告商品都应有自己独特的销售主题，这个销售主题应包含以下 3 个要素：这个产品给消费者带来具体的好处；这一功效必须是独一无二的、没有被其他竞争者宣传过的；这一主题必须是能够推动销售的重要承诺或保证。独特卖点应是产品与所有竞争品牌相比最佳或唯一的特点，但这种特点未必是这个产品的所有特点中最好的。

1. 发现自己的 USP

很多厂家声嘶力竭地要求顾客"买我们的产品吧"，声称自己的产品"是真正一流的"，这都表明它们没有体会到 USP 的价值。除非人们能够意识到厂家的产品给他们带来的益处，否则他们会完全无视这些产品的存在。

一个独特卖点(USP)应当说明你相对于你的竞争对手有哪些特殊性。当一个连锁超市打出"低价领先者"的口号时，这就是对公众做了一个积极的承诺，这就是它的 USP。同时，USP 也应当总结和归纳企业、产品或服务的最主要优点。克莱斯勒是当时唯一将驾驶员侧气垫作为标准装备的美国汽车制造商，这就是它的 USP。

USP 之所以有奇效，是源于认知行为的一个简单事实：在广告如潮水涌来的今天，人类大脑对信息的处理方式是，选择相信某个说法，然后把这个信念一直保持下去，直到被强制性地改变。所以，投入时间和精力开发精准有力的 USP，对你的企业会大有裨益。在发现自己的 USP 之前，先回答 3 个问题：

- 产品——你提出的主张对消费者有什么独到的好处，这一主张的基础是什么？寻找和定义你独到的好处：在消费者的购买发生之前，必须启动一个转变过程，即把功能转变成好处。功能是设计任何产品或服务都必不可少的东西，而好处指的是消费者能够从功能当中得到的东西。功能可能是实用的，但它自身并不具备吸引力。使功能转变成好处，意味着找到某一问题的解决办法，某一愿望的实现方式。

小练习：

金河酸奶的主要优点是"口味纯正"、"无有害添加"，请把这两个"功能"转化为"好处"。

- 顾客——你提供的好处对何种目标市场具备强大的吸引力？要了解什么东西对你的目标客户具备异乎寻常的吸引力，你必须懂得消费者最看重什么。研究他们的购物习惯，探求他们是如何作出购买决定的，这样你才能够把自己所宣扬的好处同客户关心的课题联系起来。

小调查：

金河酸奶的消费者最看中什么？他们通常在什么时间、什么地方，为什么人买该产品？

- 对手——在你希望达到的目标市场上，你的竞争对手曾经宣扬过什么样的 USP？在分析竞争对手时必须认清，向一个已经牢固地占领了某个市场阵地的对手发起挑战，可能需要打一场昂贵的战役。在你洞察了竞争对手的定位之后，你可以避免直接交锋，而是另辟蹊径，在自己独有的园地上耕耘得更好。

小实践：

金河和夏进是宁夏市场上的竞争对手。你知道夏进的 USP 吗？做一个小对比。

创造一个 USP 意味着你得平衡上述三要素。

2. 提炼你的 USP

构建独特销售主张的可能性是无限的。不过，最好的办法是发现市场上你可以填补的空白。需要注意的是，如果你说到做不到，那么，你的独特销售主张也可能会产生适得其反的效果。有许多种办法显示自己的独特性。你的 USP 可以诉诸以下卖点。

- 最低的价格。许多企业试图依靠成为"低价领袖"而获取成功。除非你在生产成本或运营成本的控制上远超他人，否则这样的主张将难以圆满履行。

1955 年，沃尔玛还默默无名。2002 年，它雄居"财富 500 强"首位。它的秘诀之一就是薄利多销。不论你走进哪里的沃尔玛，"天天低价"是最为醒目的标志。为了实现低价，沃尔玛想尽了招数，其中重要的方法就是大力节约开支，绕开中间商，直接从工厂进货。统一订购的商品送到配送中心后，配送中心根据每个分店的需求对商品就地筛选、重新打包。这种类似网络零售商"零库存"的做法使沃尔玛每年都可节省数百万美元的仓储费用。

案例来源：学习网(www.study365.com)

● 最高的质量。拥有最高的质量是市场上的一个卖点。这里面的关键是，不要只对消费者说你有最高的质量，而是要告诉他们这对其生活意味着什么：他们的感受将会发生什么变化？他们的哪些需求将被满足？

可口可乐：永远的可口可乐，独一无二好味道

在碳酸饮料市场上可口可乐总是一副舍我其谁的姿态，似乎可乐就是可口。虽然可口可乐的广告语每几年就要换一次，而且也流传下来不少可以算得上经典的主题广告语，但还是这句用的时间最长，最能代表可口可乐的精神内涵。

案例来源：学习网(www.study365.com)

● 独家提供者。成为人们某种欲望和需求的独家满足者。

苹果的 iMac 电脑既是一个技术成功又是一场设计革命。iMac 的设计主持人乔纳森·艾夫说："我们想要创造一台人们能够与之交流的机器。"个人电脑是一个非常独特的物体：它是书写工具、数字编辑工具和记录工具，具有变色龙般的本性，但直到 iMac 出现，它一直以死板的、僵硬的米色盒子面目示人，仿佛缺失灵魂。而 iMac 却是一台让人忍不住要去抚摸的、充满灵性的机器。苹果 iMac 电脑如图 2-11 所示。

案例来源：学习网(www.study365.com)

图 2-11　苹果 iMac 电脑

● 最佳客户服务。一流的客户服务能够把你同竞争者区分开来。这是一个简单而深刻的商业真理，但很少有公司能够实践。在为客户提供服务方面，总是有大量的事情可以做。

中国消费者普遍认可诺基亚的广告语"科技以人为本"。科学的主体是人类，如果科技应用不能为人类带来价值，再尖端的科技也是无效的。所以，诺基亚"以人为本"的观念受到人们的欢迎。

(来自于网络)

● 最广泛的选择。提供最广泛的选择，对那些看重时间成本的顾客尤其具有吸引力。

> 卓越亚马逊，全球著名的中文网上购物商城。零风险购物、免费送货上门、货到付款、15 日内可退换、正品保证、假一罚二；图书常年低至 2 折；影视、音乐、软件、手机数码、小家电、化妆、保健品、箱包、礼品、玩具、家居一站购齐！
>
> 案例来源：卓越亚马逊网站(www.amazon.cn)

● 最好的保障。让你的客户认识到你的保障是无条件的。让他们清楚和你打交道他们永远不会吃亏。

> "不满意就退换"是国美电器打出的一个旗号。如果没有质量问题，其他的商家一般是不给消费者退换货物的。国美郑重向消费者承诺，只要消费者对所购买的商品不满意，哪怕是对颜色不满意，7 天之内包退，30 天之内包换。
>
> 案例来源：学习网(www.study365.com)

【一起做一做】

实训 1　评价一则广告创意

图 2-12　农夫山泉广告

> "农夫山泉有点甜"的广告语广为流传，农夫山泉也借"有点甜"的优势，由名不见经传发展到现在饮水市场的"三分其天下有其一"(农夫山泉广告如图 2-12 所示)。为什么农夫山泉广告定位于"有点甜"，而不是像乐百氏广告那样，诉求重点为"27 层净化"呢？
>
> 这就是农夫山泉广告的精髓所在了。首先，农夫山泉对纯净水进行了深入分析，发现纯净水有很大的问题，问题就出在纯净上：它连人体需要的微量元素也没有，这违反了人类与自然和谐的天性，与消费者的需求不符。这个弱点被农夫山泉抓个正着。作为天然水，它自然高举起反对纯净水的大旗，而它通过"有点甜"正是在向消费者透露这样的信息：我农夫山泉才是天然的、健康的。一个既无污染又含微量元素的天然水品牌，与纯净水相比，价格相差并不大，可想而知，对于每个消费者来说，他们都会做出理性的选择。
>
> 案例来源：慧聪网(www.hc360.com)——十大最佳广告策略

【问题】

● 农夫山泉这则广告创意具有原创性吗？
● 农夫山泉从哪几方面发现自己的 USP？

- 请你为新推出的"金河"纯净水设计一个不同于农夫山泉或乐百氏的 USP。

【实训目的】

- 了解广告创意的原创性。
- 了解 USP 在实现原创性特点中的重要价值。
- 学会鉴赏不同的广告创意并从中受到启发。
- 能够在分析产品、消费者、竞争者的基础上提出自己的 USP。
- 能够运用原创性原则进行广告创意。

【实训内容】

认真研读案例,在案例分析的基础上,了解广告创意的原创性原则,以及实现原创性应该注意的关键问题,运用原创性原则进行广告创意。

实训 2

在宁夏乳品市场上,金河和夏进是竞争对手,请你为金河酸奶选择一个 USP,并遵照原创性原则进行广告创意。

【实训目的】

- 了解广告创意的原创性。
- 了解 USP 在实现原创性特点中的重要价值。
- 能够在分析产品、消费者、竞争者的基础上提出自己的 USP。
- 能够运用原创性原则进行广告创意。

【实训内容】

- 多渠道了解夏进和金河的产品特点、目标消费者以及广告诉求的重点,分析金河有没有建立自己的 USP。
- 如果金河没有建立自己的 USP,请你帮助它建立自己的 USP。

实训 3

在学校周边的连锁超市中,谁是新百连超财院店的竞争对手,请你为新百连超财院店选择一个 USP,并遵照原创性原则进行广告创意。

【实训目的】

- 了解广告创意的原创性。
- 了解 USP 在实现原创性特点中的重要价值。
- 能够在分析产品、消费者、竞争者的基础上提出自己的 USP。
- 能够运用原创性原则进行广告创意。

【实训内容】

- 多渠道了解新百连超财院店的产品特点、目标消费者以及广告诉求的重点,分析它有没有建立自己的 USP。
- 如果新百连超财院店没有建立自己的 USP,请你帮助它建立自己的 USP。

活动2　如何实现关联性

欣赏下面两则润喉片广告(润喉片广告如图 2-13 所示)。

草珊瑚含片请歌星代言

歌星成方圆一曲歌罢，全场掌声雷动，一小姑娘由妈妈抱着，送上一盒草珊瑚含片，亲昵地说："阿姨，请保护好嗓子!"成方圆感慨地说："在我歌声背后是一片深情"……

金嗓子喉宝则请球星代言

著名球星罗纳尔多对着镜头举着一盒金嗓子喉宝，露齿一笑……

图 2-13　润喉片广告

图片来源：药房网(www.yaofang.cn)和温州日报网(http://wzdaily.66wz.com)

【请你想一想】

同是润喉片，这两则广告是否具备关联性?
哪一则广告创意关联性更大?
广告创意应该与什么有关联?
对于关联性不强的广告，你有什么好办法实现关联吗?

【让我告诉你】

广告创意的关联性包括以下三方面：

- 与产品的关联性。必须在对产品概念进行了解、分析的基础上恰当地运用表现技巧彰显产品的个性。关键是找到创意传达的切合点，这种切合点应是消费者认可的、与产品的特性有直接的联系。
- 与消费者的关联性。广告要站在消费者的立场说话，要找到的是消费者使用这类产品的环境与方式，用广告大师李奥·贝纳的话来说就是挖掘一些不为人说的潜在心理共性。
- 与竞争者的关联性。关键是同中求异。

一、关联体的特性

商品广告最重要是传达商品的有效信息。为了强调商品的特点，生动形象地表达商品的个性特征，广告常常需要为产品找一个关联体，把产品的有关特征从关联体身上反映出来。关联体必须具备下面几个特性：

- 关联体是生活中司空见惯的。
- 关联体是生动、形象的。
- 关联体为大众所喜爱。

二、寻找关联体

1. 从商品特性上寻找关联体

广告创意要和产品之间建立自然而然的联系，不能风马牛不相及。要以产品给目标顾客带来的利益为基点，这要求创意必须能说清楚产品给予消费者的独特利益，商品在市场上的定位在某种程度上表达了该商品的特性和它能够给消费者带来的特殊利益，可以作为寻找关联体的一个很好的线索。定位方式有功效定位、品质定位、价格定位、包装定位、服务定位、对象定位等，那么关联体也应该与商品的这种定位相关。

2. 从消费者特性上寻找关联体

两者的关联性越强，消费者就越能够理解，广告效果就越好；关联体可以是生活中的人们所熟悉的具体的人、物、事，也可以是为消费者广为认同的道理、观念。名人广告中的名人也可以作为产品的关联体，广告中的名人的个性特点应该与产品和消费者的特色相吻合。

3. 从事件上寻找关联体

有的时候关联性是为了某个特定的事件服务的，就要找到事件与产品或消费者之间的关联性。

大众汽车自 2003 年成为国际乒乓球联合会赞助商以来，一直鼎力支持世界乒乓球运动的发展；同时，大众汽车也从世界乒乓球联合会组织的乒乓球赛事当中，获得了巨大的宣传效益。一切简单的元素可能就是广告创意最有效的元素，也最容易被搭配在一起。图 2-14 所示的大众甲壳虫汽车的这则广告便是如此。半边乒乓球拍，两个球处于两侧，活脱脱一个甲壳虫汽车的简易模型，动画感十足；同时，黄色底色图片，与乒乓球颜色一致，保证了整个画面的色彩协调性。就是这样一则小广告，将甲壳虫与乒乓球的关系、甲壳虫汽车的活力，以及甲壳虫汽车对于运动和激情的推崇，淋漓尽致地展现给了消费者。

图 2-15 所示的是上海"光明乳业"为美国费城交响乐团访问上海演出而专门制作的一幅企业形象广告，目的是表达企业对社会文化活动的关注与支持，以提升企业的良好形象。

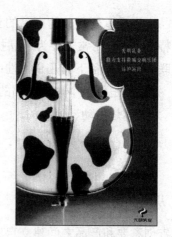

图 2-14　大众汽车广告　　　　　　　图 2-15　光明乳业广告

图片来源：中国广告工程网(www.598ad.com)和顶尖设计网(www.BOBD.cn)

广告创意别致巧妙，表现独特风趣，有强烈的视觉冲击力，能有效地抓住人们的视线注视广告。画面极为突出的主体形象明确清晰地表达了广告的诉求，大提琴的形象与低沉的音质与生产牛奶的乳牛有十分贴切的关联性。广告创意成功之处在于大提琴的琴面被白色乳牛的斑纹"置换"，使其具有强烈的"乳牛"的定向联想，从而把"光明乳业"的概念得以幽默风趣的凸现，增强了广告的感染力，令人回味，留下难忘的深刻印象。

【一起做一做】

实训 1

胶粘液广告创意

1."超级三号胶"

美国一家企业为把自己的"超级三号胶"打入法国市场，广告策划人员找来一个马戏团的杂技人员，在他的鞋底点上 4 滴"超级三号胶"后把这个人倒粘在天花板上保持一分钟，并让公证人公正。(广告片播出 6 个月，该胶液销出 50 万支，最高年销售量达 600 万支。)

2.阿拉迪特胶液

英国生产胶液的阿拉迪特公司的创意则为将一辆小轿车的 4 个轮子涂上胶液，粘在一个广告牌上"示众"。

3."尤赫"牌胶液

南非的帕代克斯公司为了推销自己的"尤赫"牌胶液，把一个替身演员粘在一架双翼飞机的机翼上，并在空中飞行 40 分钟。

4. "劳特"牌胶水

香港的"劳特"牌胶水生产厂家为了展示其产品高效的性能，竟将一枚金币粘在墙上，并声称：谁能用手把用"劳特"牌胶水粘在墙上的金币拿下来，这枚金币就归他所有。

案例来源：设计者之家网站(www.designerhome.com.cn)

【问题】

● 这四则胶水广告的创意有相同之处吗？
● 广告创意主要来自于产品的什么定位？
● 这四则胶水广告的创意有相异之处吗？
● 你认为哪一种创意的关联体更好？
● 请你为"强力"胶水设计一个广告创意。

【实训目的】

● 了解广告创意的关联性。
● 认识广告创意关联性的作用。
● 学会鉴赏不同的广告创意并从中受到启发。
● 了解并能运用实现广告创意关联性的两大步骤——定位与关联体。
● 能够运用关联性原则进行广告创意。

【实训内容】

认真研读案例，在案例分析的基础上，了解创意的关联性原则，以及为了实现关联性应该注意的关键问题，运用关联性原则进行广告创意。

实训2

【实训任务】

评价一则广告创意。

"索尼"在中国大陆、台湾地区和国际电视广告大赛中的不同创意

1. 索尼在中国大陆的报纸广告

大标题：SONY 这是您第一次见到的名字吗？

广告下面用三分之一篇幅印上巨大的黑体字 SONY，而且在正文中又一再出现 SONY 字样，整个广告，大大小小的 SONY 一共出现23次。

2. 索尼在中国台湾地区的杂志广告

大标题：世界性商标 SONY。

副标题：一个你我都能拥有的"世界第一"。

广告文：也许您一生中有许多个第一志愿，有的得到了，有的得不到。有一种第一却是您我都能拥有的，那就是 SONY!从世界各地到台湾，索尼彩电以各种世界专利的得奖专技，受最多的行家的乐用与推荐，更在台湾创下每4台彩电就有一台索尼的卫冕纪录。好的色彩不怕没人欣赏，"第一"的索尼彩电，更是人人都要看的。享受世界家庭的最高

荣誉，讲究的您，买彩电，当然选 SONY!

3. 在国际电视广告大赛中夺魁的索尼广告

画面：长沙发上一男青年在看电视。电视在画外，人物为正面表情，下同。

男青年旁多了一个女青年。

中间又出现一个活泼可爱的男孩。

这对男女垂垂老矣。沙发上又多了他们的儿媳和两个孙子。

广告词：这是索尼。

案例来源：管理资源吧网站(www.glzy8.com)

【问题】

● SONY 这三则广告的创意是否具有关联性？

● 为什么同样的公司会有三种不同的广告创意？

● 三种不同的广告创意分别服务于什么样的主题？

● 你从中受到什么启发？

【实训目的】

● 初步了解广告创意的关联性。

● 认识广告创意与产品和消费者之间的关系。

● 学会鉴赏不同的广告创意并从中受到启发。

【实训内容】

进行案例分析，即在通读案例的基础上，了解案例的特点和创意方法。

实训 3

翻开日历，在 10 月份会有许多活动主题。请选择其中两个为金河酸奶的一则广告寻找创意。

1 日中华人民共和国国庆节

8 日全国高血压日

9 日世界邮政日

10 日世界精神卫生日

14 日世界标准日

15 日国际盲人节(白手杖日)

17 日世界消除贫困日

九月初九重阳节

24 日联合国日

31 日世界勤俭日

【实训目的】

● 了解广告创意的关联性。

● 了解事件在实现关联性特点中的重要价值。

● 能够根据不同主题，在分析产品、消费者、竞争者的基础上提出自己的创意。

【实训内容】

● 多渠道了解金河及其竞争对手的产品特点、目标消费者以及广告诉求的重点。

● 运用思维导图展开积极联想，分析金河酸奶与事件的关联性。

● 进行广告创意。

实训 4

请在 10 月份的节日之中选择其中两个为新百连超财院店中秋节促销活动的一则广告寻找创意。

【实训目的】

● 了解广告创意的关联性。

● 了解事件在实现关联性特点中的重要价值。

● 能够根据不同主题，在分析产品、消费者、竞争者的基础上提出自己的创意。

【实训内容】

● 多渠道了解新百连超财院店及其竞争对手的产品特点、目标消费者以及广告诉求的重点。

● 分析新百连超财院店中秋节促销活动与事件的关联性。

● 进行广告创意。

活动 3　如何实现震撼性

漫画恒源祥广告如图 2-16 所示。

图 2-16　漫画恒源祥广告

图片来源：清华同方学堂网站(www.edu_sp.com)

恒源祥广告
恒源祥，鼠鼠鼠
恒源祥，牛牛牛
恒源祥，虎虎虎
恒源祥，兔兔兔
恒源祥，龙龙龙
……
恒源祥，猪猪猪

案例来源：恒源祥广告宣传片文案

【请你想一想】

恒源祥这则广告具有震撼性吗？
作为一个消费者，你能接受这样的广告吗？
作为一个创意者，你能接受这样的创意吗？
震撼性就是过目难忘吗？
怎样才算是一个具有震撼性的广告？

【让我告诉你】

一、了解震撼性

所谓震撼性，就是指广告作品在瞬间引起受众注意并在心灵深处产生震动。当消费者有很强烈的震动，就说明了你的广告具备了震撼性。一条广告作品在视觉和听觉以至心理上对受众产生强大的震撼力，其广告效果信息的传播效果才能达到预期的目标。震撼性与前述原创性和关联性是紧密相连、相互贯通的。前面两招使好了，这一招才会成为"绝杀"。

二、如何实现震撼性

1. 简单明了

实实在在的广告作品最能打动受众。一是广告诉求必须单一；二是广告创意内容或传播口号要简洁易懂。"看病人，送初元"、"舒肤佳，有效除菌"……广告诉求点不能多，但现实的作业中，许多广告勇于藐视基本原理，如：在一条广告片里，××煤气炉"省气、火猛、还是红外线的、还代表北美品质生活等，还是"中国驰名商标"。

2. 出人意料

"意料之外，情理之中"是所有广告人都会挂在嘴边的一句话，也是创意的基本要求。但要做到匠心独具，让观众拍案叫绝，确实要花费不少心思。出人意料主要是指故事情节的设置，例如某手机广告：阴暗的屋子里，全身五花大绑的人质趁绑匪出去的机会，一步一步挣扎着移向桌上的手机，人质用嘴叼到手机的关口，绑匪的脚步已经临近，正当观众以为可怜的人质会拨通手机求救的时候，突然，音乐一变，人质居然玩起了手机里的游戏——"××手机，玩了就不想放下"。

如果你的整个创意不能惊天地泣鬼神，还有一个比较取巧的方法可以借鉴：改变广告5 个 W 中的任何一个，都可以达到"最基本"的出人意料的效果。5W 分别是我们小学写作文的"时间"、"地点"、"人物"、"事情"、"原因"(When、Where、Who、What、why)。创意的"5W"如图 2-17 所示。

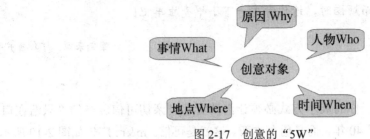

图 2-17　创意的"5W"

常见的基本创意：穿着崭新婚纱的新娘子在厨房里洗碗，西装革履风度翩翩的绅士牵着马在海边漫步，小女孩拿着储蓄罐到银行存钱……

3. 具体实在

人们总是对自己熟悉的事物比较感兴趣，这也是"关联性"另一个层面的意思。抽象的、繁杂的、晦涩的东西在资讯过度发达的今天，消费者基本上会用"睬你都傻"的态度把你的信息当作透明对待。下面来看伯恩巴克的著名作品——大众金龟车的系列广告之一。金龟车广告如图 2-18 所示。

图 2-18　金龟车广告

图片来源：《广告策划与策略》精品课程(http://jpkc.ne.sysu.edu.cn)，作者吴伯林

Think Small

想一想小的好处。我们的小车不再是个新奇事物了，不会再有一大群人试图挤进里边，不会再有加油生问汽油往哪儿加，不会再有人感到其形状古怪了。事实上，很多驾驶我们的"廉价小汽车"的人已经认识到它的许多优点并非笑话，如 1 加仑汽油可跑 32 英里，可以节省一半汽油；用不着防冻装置；一副轮胎可跑 4 万英里。也许一旦你习惯了甲壳虫的节省，就不再认为小是缺点了。尤其当你停车找不到大的泊位或为很多保险费、修理费，或为换不到一辆称心的车而烦恼时，请你考虑一下小甲壳虫车吧！

案例来源：丁俊杰广告

4. 真实可信

不管用何种创意方式，你的展示方式必须让消费者感到亲切可信。一句"只溶在口，不溶在手"的 USP，使用了 40 年，而且历久弥新。这就是可信。m&m 广告如图 2-19 所示。

图 2-19　m&m 广告

图片来源：中国图库网(www.ctuku.com)

很遗憾，中国企业对这一条特性的理解超过了任何一条，而且有过之无不及地大肆挥霍着消费者对广告的信任，其中最大的罪魁祸首恐怕便是电视购物，尤其是医药类、电子类的电视购物。为了增加可信性：专家讲解、消费者访问、名人证言、实验证明、现场演示、各种保证……如医药类的：增高、减肥、祛斑、这个炎、那个癌；电子产品类的：黄金镶钻、纳米技术、二十功能、高科技认证、冰点价格……可惜，无良商家绞尽脑汁、想方设法要达到的广告"可信性"，一次又一次地被证明是对消费者的"纯忽悠"！

5. 以情动人

人心都是肉长的，如果巧妙利用情感打动消费者，那将会收到润物细无声的效果，此乃各项创意法则中屡试不爽之必杀技。我们熟悉的有："孔府家酒，叫人想家"；"雕牌：

只不过是从头再来"……获了众多奖项的"泰国人寿"那条 60 秒的《父女篇》更是让很多消费者看得两眼湿润。你的品牌做到这份上，作为受众的我们，流下的仅仅是不值钱的几滴鳄鱼泪吗？

美国贝尔电话公司广告

一天傍晚，一对老夫妇正在进餐，电话铃响，老妇去另一房间接电话，回来后……

老先生问："谁的电话？"

老妇回答："是女儿打来的。"

又问："有什么事？"

回答："没有。"

老先生惊奇地问："没事？几千里地打来电话？"

老妇呜咽道："她说她爱我们。"

俩人顿时相对无言，激动不已。这时出现旁白："用电话传递你的爱吧!"

案例来源：《后现代主义思潮对我国广告创意的影响》一文，作者刘光磊

6. 创设情节

故事性广告就是借用文学创作的手法，将商品和服务的信息通过新颖、独特的情节设计展现给受众。故事化情节意味着要打破常规的叙事逻辑，不能平铺直叙；要避免平淡无奇，善于设置悬念，创造跌宕起伏、引人入胜的效果；还要像文学创作那样，善于捕捉富有特征性的典型细节，深化受众对信息主体的感受认知，从而留下深刻的印象。

南方黑芝麻糊的电视广告正是用回忆的手法，把消费者带到黑芝麻香甜可口的氛围之中，使一个平淡无奇的、物质化的南方黑芝麻糊，既有了生命力，又有了人情味。

图片来源：80 后记忆网(www.80sjy.net)

【一起做一做】

实训 1　评价一则广告创意

图 2-20 所示为被叫停的麦当劳广告。

音像店门口

顾客：一个星期就好了，一个星期……(老板摇头)三天时间，三天时间好不好？

老板：(态度坚决)我说了多少遍了，我们的优惠期已经过了。

顾客：大哥，大哥啊……(跪地拉着老板的裤管乞求)

旁白：幸好麦当劳了解我错失良机的心痛，给我 365 天的优惠……

图 2-20　麦当劳广告被叫停

图片来源：CCTV 新闻截屏

【问题】

- 分析麦当劳这则广告创意是否具有震撼性？
- 如果不具有，哪方面需要改进？
- 如果具有，为什么会被工商部门叫停？
- 作为一个消费者，你能接受这样的广告吗？
- 作为一个创意者，你能接受这样的创意吗？

【实训目的】

- 认识广告创意的震撼性。
- 了解震撼性对于一个好广告来说，具有重要意义。
- 认识"震撼性"的误区。
- 学会鉴赏不同的广告创意并从中受到启发。

【实训内容】

进行案例分析，即在通读案例的基础上，了解案例的优点和不足，并从中受到启发。

实训 2　评价一则广告创意

美国 Avis 租车公司广告创意

当时 Avis 公司是市场上的第二位，第一位的是 Herz 公司，当时的情形是：你来到租车的指定场所时，在前面排着的都是 Herz 公司的车，如果你想租 Avis 的车，要绕到后面去。

DDBO 为 Avis 做了下面这一系列广告。

如果你只是第二名，你需要更努力，否则……

小鱼每时每刻都必须奋力地游。大家伙们从来都不停地给我们找茬儿。

Avis 知道身为小鱼所有的烦恼。

我们在租车界只是第二名。我们如果不努力就会被吞掉。

我们什么份儿都没有。

我们总是把烟灰缸弄得干干净净，在您来租车前把油箱充满，看看电池是不是好用，清洗我们的雨刷……而且我们租出的车不逊于一部神气活现、马力十足的福特。

因为我们不是大鱼，所以我们一定不会让你觉得被当成沙丁对待。

我们不会让您久等。

Avis 租车公司广告创意如图 2-21 所示。

图 2-21　美国 Avis 租车公司广告创意

图片及案例来源：新浪博客(blog.sina.com.cn)

【问题】

● Avis 租车公司这则广告的创意是否具有 ROI？

● 作为一个消费者，你能接受这样的广告吗？

● 你从中受到什么启发？

【实训目的】

● 认识广告创意的 ROI。

● 了解 ROI 对于一个好广告来说，缺一不可。

● 学会鉴赏不同的广告创意并从中受到启发。

【实训内容】

进行案例分析，即在通读案例的基础上，了解案例的优点和不足并从中受到启发。

实训 3

请你遵照原创性、关联性、震撼性原则，为金河酸奶选做一个广告创意。

【实训目的】

● 充分认识广告创意的三大原则。

● 了解原创性、关联性、震撼性原则在广告创意中的重要价值。

- 能够在分析产品、消费者、竞争者的基础上提出自己的创意。

【实训内容】

- 多渠道了解夏进和金河的产品特点、目标消费者以及广告诉求的重点，分析金河现有广告创意的优劣。
- 提出广告创意。

实训 4

请你遵照原创性、关联性、震撼性原则，为新百连超财院店中秋节促销活动做一个广告创意。

【实训目的】

- 充分认识广告创意的三大原则。
- 了解原创性、关联性、震撼性原则在广告创意中的重要价值。
- 能够在分析产品、消费者、竞争者的基础上提出自己的创意。

【实训内容】

- 多渠道了解新百连超财院店中秋节促销活动的特点、目标消费者以及广告诉求的重点，分析现有广告创意素材。
- 提出广告创意。

头脑风暴——如何形成广告创意

【知识目标】

- 知道特定资料和一般资料的区别。
- 了解资料分析的要点。
- 了解思维导图和头脑风暴法。
- 了解创意纲要的主要内容。

【能力目标】

- 能够收集特定资料和一般资料。
- 能够分析收集来的资料。
- 能够运用思维导图和头脑风暴法进行广告创意。
- 能够写作创意纲要。

【单元概述】

- 创意的过程是一个发现独特观念并将现有概念以新的方式进行组合的循序渐进的过程。
- 在创意过程中，必须收集和分析创意资料，并运用创造性的方法进行思考，在此基础上形成创意纲要。

【实践步骤】

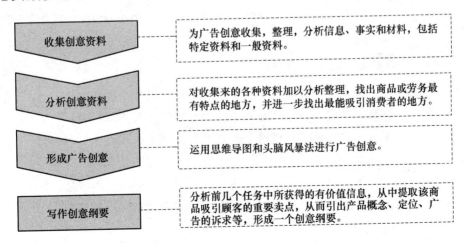

收集创意资料	为广告创意收集，整理，分析信息、事实和材料，包括特定资料和一般资料。
分析创意资料	对收集来的各种资料加以分析整理，找出商品或劳务最有特点的地方，并进一步找出最能吸引消费者的地方。
形成广告创意	运用思维导图和头脑风暴法进行广告创意。
写作创意纲要	分析前几个任务中所获得的有价值信息，从中提取该商品吸引顾客的重要卖点，从而引出产品概念、定位、广告的诉求等，形成一个创意纲要。

【要点提示】

- 收集资料是创意的第一步，既要注重商品、消费者资料的收集，又要注重平时资料的积累。
- 分析资料时要注意把产品的特点变为该产品对消费者的好处。
- 思维导图和头脑风暴法要注意平常的训练。
- 创意纲要是创意的结果，同时也是广告表现和广告制作的基础。

任务1 收集广告创意的资料

【任务描述】

广告人的工作首先从收集资料开始。收集资料是广告创意的前提准备阶段，也是广告创意的第一阶段。这一阶段的核心是收集、整理、分析与广告创意有关的信息、事实和材料，优秀的创意是以缜密的调查和分析为基础而产生的。广告人在这一阶段必须广泛深入地收集有关资料。作为创意过程第一阶段，资料收集是最重要的基础工作。

广告大师李奥·贝纳的创意秘诀

曾为万宝路香烟创造出牛仔形象的著名广告大师李奥·贝纳在谈到他的天才创意时说，创意的秘诀就在他的文件夹和资料剪贴簿内。他说："我有个大夹子，我称之为'Corny Language'（不足称道的语言），无论何时何地，只要我听到使我感动的只言片语——特别适合表现一个构思——我就把它收进文件夹内"。"我另有一个档案簿，鼓鼓囊囊的一大包，里面都是值得保留的广告，我拥有它已经25年了。我每个星期都查阅杂志，每天早上看《纽约时报》和《华尔街日报》时，我把各种吸引我的广告撕下来，因为它们都作了有效的传播，或是在表现的形式上、或者在标题上、或者其他的原因"。"大约每年有两次，我会很快地将那个档案翻一遍，并不是有意在上面抄任何东西，而是想激发出某种创意，用到我们现在做的工作中。"

案例来源：百业网(www.looye.com)——广告创意产生过程

【请你想一想】

广告大师的"创意秘诀"如果用一个词来形容，那会是什么呢？
为了形成广告创意，在我们日常生活和工作中都要注意搜集哪些资料？
请你举一个"平常注重积累，关键时刻显神威"的例子。

【让我告诉你】

进行广告创意，必须收集的资料包括两部分——特定资料和一般资料。

广告创意的过程，就是创意者运用自己拥有的一切知识和信息，产生出某种新颖而独特概念的创造性思维过程。因此，广告创意的结果，不仅是对商品、劳务等内容的客观表现，而且也是对创意者思想和情感的主观反映。在这里，创意者的素质直接影响着广告创意的优劣。为了不断提高广告创意的水平，创意者要做生活的有心人，随时注意观察和收集生活中的一切信息，以备创意时的厚积薄发之用。

一、收集特定资料

特定资料是指那些与广告商品或劳务以及目标消费者直接相关的资料。

一般地说，在动笔进行广告创作之前，创作者要对市场进行调查预测，了解消费者的心理状态，认真研究商品或劳务并掌握大量的材料。在此基础上，创作者充分调动想象和联想的心理机能，进入实质性的创意活动过程。具体地说，创出广告之"意"，要做到以下几个方面。

1. 寻找商品本身的独特性

——它是如何制造而成的？

——它经过多少道质量管理程序？

——它已经生产多久？

——它有哪些成分，成分的来源又有哪些？

——哪里可以买得到？

——它是不是唯一的？

——谁设计的？如何包装的？等等。

美国著名的生活用品公司高露洁找到罗瑟·瑞夫斯，请他为棕榄牌香皂做广告。为了找出独特的销售主题，瑞夫斯所在的广告公司与高露洁公司共同投资，对这种品牌的香皂进行了各种各样的测试。为了这一测试，双方投入的资金高达 30 万美元。最后终于证明，如果每天坚持用这种香皂洗脸一分钟，就能改善皮肤的外观。于是，瑞夫斯把这一实验结果作为商品的独特销售主题，写成了一句广告语——"棕榄牌香皂使皮肤更为娇嫩"，并附上了详细的测试数据。

为了寻找一句难得的 USP，对方付出了高达 30 万美元的代价，但是，一旦确定了 USP，商品的销路便顿时打开，所带来的利润则是 30 万美元的几十倍，甚至几百倍。

案例来源：新浪博客(http://blog.sina.com)

2. 寻找商品使用情况的独特性

有些商品(如服饰、珠宝、香水或者汽车等)可以帮助我们定义一个人的生活形态和品味；但有许多商品则不行，如洗衣粉，几乎没有人用它来形容一个人的生活形态。这就需要用一些方法来寻找商品使用情况的独特性。

在英国一个州立法庭上，一位中年妇女正在和丈夫闹离婚，理由是：她丈夫有了外遇。

她一边哭着一边向法官诉说:"我二十岁嫁给他以后,他曾向我发誓,再不和那鬼东西来往了。可是结婚不到一星期,他便偷偷幽会去了。我警告过他,他听不进去。我忍气吞声地过了二十年。如今他已五十多岁了,可还迷恋着那个鬼东西。他的幽会越来越多,现已发展到无论白天黑夜,他都去运动场上与那个可恶的'第三者'见面。"

法官问她第三者是谁?她高声喊道:"它就是臭名远扬、家喻户晓的足球。"法官对她的控词哭笑不得,只好劝道:"足球非人,你只能控告生产足球的厂家。"

谁知道这位太太真向法院控告了一年生产数万只足球的宇宙足球厂。更出人意料的是这位太太在法庭上居然大获全胜,宇宙足球厂赔偿她孤独费七万英磅。甘愿赔偿的足球厂老板对记者说:"这位太太与其丈夫闹离婚,正说明我们生产的足球魅力之所在。而且她的控词正为我厂做了一次绝妙的广告宣传。"

案例来源:百业网(www.looye.com)"广告创意产生过程"一文

3. 了解商品和消费者的关系的独特性

——让消费者在你面前使用它,并告诉你他们的想法。

——让消费者对不同品牌产品进行试验比较。

——和目标对象一起上街购物,了解他们决定购买的原因,等等。

帮宝适最早生产一种"可弃尿布",是一次性纸制品,开始的广告创意是突出使用方便,但销路不佳。经市场调查发现,这一广告创意容易给人造成这样一个印象,即使用可弃尿布是懒惰的、浪费的、放纵自我的那一类母亲所为。为了不成为舆论中的这种母亲,消费者只好弃之不用。针对这一情况,广告主立即改变了广告创意,从科学和母爱的角度,着重宣传纸尿布在保护婴儿皮肤、促进婴儿健康成长等方面的意义,淡化了对方便的诉求,突出了母爱的责任感,结果市场销路大开。

案例来源:百业网(www.looye.com)"广告创意产生过程"一文

4. 了解使用者情况的独特性

——谁会买这种产品?还有谁可能会买?

——他们住在哪里?

——他们是哪一种人?

——有知名人士使用这种产品吗?

——购买者是为自己买,还是当做礼品?

——是任何人都买得起?还是一部分人买得起?等等。

2001年,法国著名品牌服装香奈尔(Chanel)请华人女歌手李玟担任亚洲区"代言人",没想到却惹来一群向来支持 Chanel 的香港上流社会名媛不满,认为李玟的形象与这个一贯走高贵路线的品牌不相配。

甚至已经有一些人为宣泄不满，计划联名向 Chanel 香港代理公司投诉，如果得不到满意回复，她们不排除发起拒买 Chanel 的行动，以表达强烈抗议。

案例来源：百业网(www.looye.com)"广告创意产生过程"一文

5. 了解其他情况的独特性

——和专家、记者讨论。

——如果这个产品不存在会发生什么事？

——消费者对广告的评论如何？

——在别的国家和地区，这个广告怎么做？

——它是否有新闻价值或成为话题？

2006 年 4 月 21—24 日，温家宝总理在重庆市江北区光大奶牛科技园养殖基地考察，他在那里留言："我有一个梦，让每个中国人，首先是孩子，每天都能喝上一斤奶。"随后不久，蒙牛发起"每天一斤奶，强壮中国人"活动，把总理的殷切期盼"变为现实"，并广而告之。

案例来源：新华网(www.cq.xinhuanet.com)

要创出广告之"意"，就必须对上述各种情况进行认真的分析，做深入的开掘。黄宗羲在《论文管见》中谈到文章主题的开掘时说："犹如玉在璞中，凿开顽璞，方始见玉，不可以璞为玉。"他把主题喻为"玉"，材料喻为"璞"，璞开才见玉。广告的创意亦是如此，只有对各种情况进行反复的琢磨、比较、鉴别，才可能寻到"意"。

二、收集一般资料

一般资料是指创意者个人必须具备的知识和信息。包括宏观市场的趋势，购买能力的增减，目标市场的分割状况，即将进入或准备扩大市场的位置在哪里、容纳量多少、本产品可以占取其中多少份额？此外，就是自然环境、国际环境、企业环境、广告环境及政治环境的各种资料。广告大师们这种不断的信息收集和积累如同为自己建造了一座创意"水库"，源源不断的创意便从这里喷涌而出。

1. 平常注意积累

为了不断提高广告创意的水平，创意者必须要做生活的有心人，随时随地注意观察和收集生活中的一切信息，以备创意时的厚积薄发。

罗杰·科里恩重新启用"百事的一代"这一广告的创意，就是受一份领带备忘录的启发而诞生的。

这份备忘录上记载着：男人们愿意投入较多的时间和精力选购领带的主要原因——领带并不重要，重要的是领带表达了买主的性格，它会使买主自己感到满意。备忘录得出的结论是：别吹捧你的产品有多好，而应赞扬选择了你的产品的消费者，弄清楚他是谁，然后称赞他这种人。

领带备忘录虽然与软饮料毫无关系，但它却使科里恩茅塞顿开：何不赋予百事可乐一种人性化的、崭新的形象呢？

他根据可口可乐较为保守、传统，而百事可乐更加创新、富有朝气这一调查结果，决定选择青少年作为百事可乐的形象代表。年轻人充满斗志、令人振奋、富有创新精神，正是百事可乐生机勃勃、大胆挑战的写照。于是，"百事可乐：新一代的选择"这个给可口可乐以致命打击的广告主题就这样诞生了。

案例来源：百业网(www.looye.com)"广告创意产生过程"一文

2. 收集现场信息

当广告人员接受广告任务之后，最好能到有关现场看一看、摸一摸、做一做、试一试，在这个过程中，会得到启发，从而产生好创意。

我国工业展览在美国洛杉矶展出时，它的巨幅广告是："妈咪，我要到中国去！10美金全家就可以去一次！"这是芝加哥电视台广告设计师设计的广告。他说："做广告最主要是争取受众。设计前，先要问一声，这个广告是设计给谁看的。"当他接到设计任务时，他曾亲临洛杉矶中国工业展览馆现场观察，发现布置得很有中国特色，就好像身临其境；同时发现参观展览的多数是全家一起去的，而提议要去参观的多半是好动的孩子。因此，他便触发灵感，构思出上述富有新意和人情味的广告。

案例来源：百业网(www.looye.com)"广告创意产生过程"一文

【一起做一做】

实训1

自己准备一个本子，把生活中令人感兴趣的日常信息都记录下来。

【实训目的】

- 了解广告创意一般资料的来源。
- 了解平时注重积累一般资料对于广告创意的重要价值。
- 能够形成积累创意素材的良好习惯。

【实训内容】

在日常生活中积累广告创意素材。

实训2

在宁夏市场上，金河的竞争者是夏进。现在，你要为金河酸奶做一个广告创意，请多方收集关于该产品的特点、消费者特点和竞争者特点的相关资料。

【实训目的】

- 了解广告创意特定资料的来源。
- 了解收集特定资料对于广告创意的重要价值。
- 能够多渠道收集产品、消费者、竞争者的资料。

【实训内容】

多渠道了解并收集产品特点、目标消费者以及竞争者特点等相关资料。

实训 3

观察一下新百连超财院店的竞争者是谁。现在，你要为新百连超财院店做一个广告创意，请多方收集关于该企业的产品特点、消费者特点和竞争者特点的相关资料。

【实训目的】

- 了解广告创意特定资料的来源。
- 了解收集特定资料对于广告创意的重要价值。
- 能够多渠道收集产品、消费者、竞争者的资料。

【实训内容】

多渠道了解并收集产品特点、目标消费者以及竞争者特点等相关资料。

任务 2 分析广告创意的资料

【任务描述】

这一阶段主要是对收集来的各种资料加以分析整理，找出产品或服务最有特点的地方，进一步找出最能吸引消费者的地方，以确定广告的主要诉求点。

日本学者植条则夫认为：应该从以下九个方面收集资料

- 从广告主的广告负责人处收集
- 从企业的技术研究人员处收集
- 从工厂有关生产人员处收集
- 从企业的最高管理层处收集
- 从有关销售人员处收集
- 从消费者处收集
- 从有关商品的研究会、讨论会、展示会处收集
- 从媒介上收集其他企业发表的广告、出版物
- 通过亲手对商品的试验而得到的资料

摘自四川广播电视大学教学资源

【请你想一想】

在进行广告创意资料分析的时候，你认为都需要分析哪些资料？

如何找出广告产品或服务的特点？

产品或服务的特点就是产品或服务给消费者带来的利益吗？

如果在广告创意的过程中，创意者发现产品的特点和消费者的利益发生冲突，或者与竞争对手的诉求重复了，该怎么办？

【让我告诉你】

分析广告创意的资料有 4 个步骤，就是实现"三个转化"：先将商品的不同属性转化为竞争优势；再将竞争优势转化为消费者利益；最后，将消费者利益转化为人性化满足。

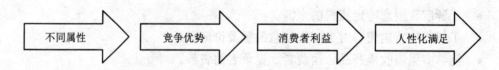

一、将广告商品与竞争商品进行比较，列出它们的不同属性(USP)

这些属性可能表现在产品的设计思想、经营范围、生产工艺、使用方便性、竞品仿制难易程度、生命周期、生产历史、品牌知名度、质量、价格、外观、保障、功能、服务、信誉等方面，它们是确定商品的信息个性和广告诉求点的重要因素。竞争对比分析如表 3-1 所示。

表 3-1 竞争对比分析表(部分)

项　　目	竞争对手分析	自身分析
设计思想		
经营范围		
生产工艺		
使用方便与经济		
竞品仿制难易程度		
生命周期		
生产历史		
品牌知名度		
质量		
价格		
外观		
保障		
功能		
服务		
信誉		
……		

例如，你要为"奇瑞 QQ6 1.3L 标准型"寻找一个广告创意，可以先用竞争对比分析表将广告商品与其竞争对手"长安奔奔 1.3 豪华型"进行全面对比，如表 3-2 所示。

表 3-2　奇瑞 QQ6 1.3L 标准型与长安奔奔 1.3 豪华型竞争对比分析表(部分)

项　　目	竞争对手分析	自身分析
变速器	五挡手动	五挡手动
安全气囊	前后排安全带	驾驶员安全气囊
百公里油耗(60km/h 等速)	4.6	4.4
最高时速	160	145
排量(mL)	1300	1301
生产年份	2006	2006
可选颜色	纳斯达克银、法兰红、碧海蓝、金杏黄、狼堡灰、时尚橙	闪光炫目金、法兰红、闪光律动黄、闪光温馨蓝、闪光幽雅绿、闪光星河银
价格	4.68 万元	4.68 万元
排放标准	国Ⅲ	国Ⅱ
……		

二、通过对比分析，找出广告商品的竞争优势

从商品的特性中归纳出其竞争优势，并用简短的话语描述该商品的竞争优势，如表 3-3 所示。

表 3-3　奇瑞 QQ6 1.3L 标准型竞争优势分析表(部分)

项　　目	竞争优势
设计思想	
经营范围	
生产工艺	
使用方便与经济	耗油量较小
竞品仿制难易程度	
生命周期	
生产历史	
品牌知名度	较高
质量	安全气囊
价格	
外观	可选颜色较多
保障	
功能	
服务	
信誉	
……	

三、将广告商品的竞争优势转化为能带给消费者的利益

通过表 3-4 所示，可以清楚看见商品竞争优势与消费者的需求和利益之间的关系，即将商品的竞争优势转化为商品可以带给消费者的利益。

表 3-4　奇瑞 QQ6 1.3L 标准型给消费者带来的利益

商品的竞争优势	给消费者带来的利益
耗油量小	节约开支
安全气囊	保证安全
可选颜色较多	挑选余地较大，满足多种需要

四、将消费者利益转化为人性化满足，并从这个角度寻求广告创意

美国广告界权威人士詹姆斯·韦伯·扬曾说："广告创意是一种结合了商品、消费者以及人性的思想活动，真正的广告创作，眼光应该放在人性方面，从商品、消费者及人性的组合去发展思路。"也就是说，要从人性需求和产品特质的关联处追求创意，而不能简单地从商品本身出发。

> 比如：要为一种不必用开瓶器就能打开的啤酒作广告，有这样两种广告表现：日本人是用一位年轻漂亮的少女的纤弱的手指打开啤酒瓶盖，以表示可以毫不费力地打开啤酒，无须开瓶器。美国人则找到了一位其貌不扬、衣衫褴褛的五十岁左右的老年人做模特，他右手拿着啤酒，对着电视观众说："这今后不必再用牙齿了！"随即咧开嘴得意的一笑，就在他笑的一瞬间，人们发现原来他有一颗门牙没有了。
>
> 案例来源：百业网(www.looye.com) "广告创意产生过程" 一文

这两种广告虽然推销的是同一种商品，但因其创意的出发点不同，所收到的广告效果也截然不同。前者是从商品本身的特点出发，很单纯的直接把商品推销重点表现出来；后者则是从人性的角度出发，站在消费者的位置上，为消费者着想，表现出浓厚的人情味，因而更容易引起消费者的共鸣。在后一创意中，我们可以看到创意者的思维过程是如何实现"三个转化"的。

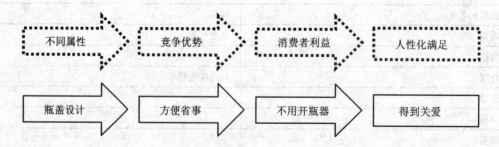

由此，创意者找到了广告创意的基本概念——如何表现用手指就能打开的啤酒带给消费者的关心爱护。

可见，广告创意的成功，主要表现在对人性的成功挖掘和满足上。每一种商品并不是只能满足消费者的某种潜在欲望，我们要从中寻觅到的是商品、消费者与人性的结合。

小思考：

对于奇瑞 QQ6 汽车来说，如何把它的竞争优势转化为消费者的利益，又如何将消费者利益转化为人性化满足，从人性的角度找到消费者最关心、最迫切的要求，从而找到广告创意的诉求点呢？

【一起做一做】

实训 1

现在，你要为金河酸奶做一个广告创意。

【实训目的】

● 了解广告创意资料分析的具体操作过程。

● 了解分析资料对于广告创意的重要价值。

● 能够根据资料，在分析的基础上形成创意诉求。

【实训内容】

根据上一任务中收集的资料，用表格方式分析金河产品与竞争产品的相同点、不同点，以及带给消费者的利益和人性化满足，从而发现消费者最关心、最迫切的要求，形成独特的广告创意诉求。

实训 2

现在，你要为新百连超财院店的一次促销活动做一个广告创意。

【实训目的】

● 了解广告创意资料分析的具体操作过程。

● 了解分析资料对于广告创意的重要价值。

● 能够根据资料，在分析的基础上形成创意诉求。

【实训内容】

用表格方式分析新华百货财院店产品与竞争产品的相同点、不同点，以及带给消费者的利益和人性化满足，从而发现消费者最关心、最迫切的要求，形成独特的广告创意诉求。

任务3 孵化广告创意

【任务描述】

根据第一阶段的调查和第二阶段的分析，确立产品概念和卖点之后，创意活动就进入一个"发酵"和"孵化"的阶段，在这一阶段，我们除自觉思考外，一定要十二分地活用潜意识。潜意识朝哪个方向发展不仅取决于创意人员的经验和才能，更取决于第一阶段和第二阶段调查研究的量和质。

【请你想一想】

仔细看看图 3-1 所示，这是什么？平常生活中见过吗？用过吗？

这个图有什么用呢？

除了这个方法，你还了解什么样的技巧能够解放我们的大脑？

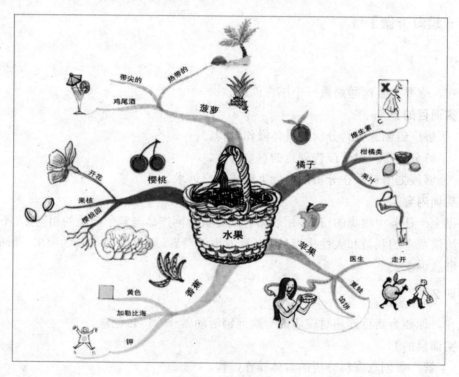

图 3-1　思维导图

案例来源：广州新东方学校网站"思维导图理论与词汇记忆"一文

【让我告诉你】

● 创意活动进入"孵化"阶段的时候，一定要活用潜意识。

● 思维导图和头脑风暴法是常用的激发潜意识的方法。

一、何谓"孵化广告创意"

孵化广告创意是对已形成的广告概念进行孵化。听其自然、放任自流，将广告概念全部放开，尽量不去想这个问题，只是把它置于潜意识之中，让思维呈静止的"无所为"状态，在这种状态下，各种干扰信息消失，思维较为松弛，比紧张时能更好地进行创造性思考。一旦有信息偶尔进入，就会使人猛然顿悟，过去积存在大脑中的信息会得到综合利用。

这时，就会出现新的组合、新的意义、新的过程。

二、思维导图在广告创意中的应用

1. 关于思维导图

思维导图(mindmap/mapping)又叫做心智图、脑图，是一种图像式的思维工具。这一理论模型由英国著名心理学家、教育专家东尼·博赞(Tony Busan)于 20 世纪 60 年代初期创建，具体来说，思维导图是一种将放射性思考具体化的方法。

人脑由许多神经细胞组成，它们像大树枝干一样纵横交错地连接在一起，形成了一张无限"链接"的信息网络。在人的大脑里，生物电信号从一个细胞传导到与之邻接的其他细胞，于是，我们便有了思维。任何一种进入大脑的信息都可能成为一个思考中心，并由此中心向外发散出成千上万的分支，每一个分支代表与中心的连接，而且每一个连接又可以成为另一个思考中心，再向外进行发散……这就是说在某种程度上，大脑的思维呈现出一种发散性的网状图像。"思维导图"也正是这种思维方式的真实写照，它借助颜色、线条、符号、词汇和图像，遵循一套简单、基本、自然、易被大脑接受的规则，将大量的枯燥信息变成彩色的、容易记忆的、有高度组织性的图，这是与大脑处理事物的自然方式相吻合的。最初的思维导图只是作为一种记笔记的方法，现在已经发展成为一种组织性思维工具。

2. 思维导图的基本特征
- 注意的焦点清晰地集中在中央图形上。
- 各分支从中央图形向四周放射。
- 各分支由联想线条上的关键词或图构成。
- 各分支形成一个个与中心相连接而又彼此独立的结构。

3. 思维导图的画法
思维导图的画法就像图 3-1 所示一样简单：
- 首先在一张白纸的中间位置把你要发散的概念写出来或者画出来。建议将纸张横向使用。
- 用一个图像表达你的中心思想。
- 尽可能多地使用各种色彩帮助表现。
- 分别连接中心图像和各主要分支，然后再连接主要分支和二级分支，接着再连二级分支和三级分支，依次类推。
- 用曲线连接，永远不要用直线。
- 每条线上注明一个关键词。
- 主题标签尽可能简短，用一个字或者最好就用一个图形。当你第一次使用思维导图的时候，总是极其想用一个完整的短语，但是你要不断找机会把它缩短成一个单词或者一个图形，那样会使你的思维导图更为有效。

- 大量使用颜色、图形、符号，尽可能地可视化。

4. 建立产品价值网

在广告创意思维中，思维导图不仅可以帮助创意的表现，有时也可以帮助产品建立价值网：产品价值的丰富多元，为广告创意提供了巨大的想象空间。广告创意要在产品与价值的关联中找到立意点。

产品价值网的建立，可以产品的某一特征为原点，与各种相关因素建立关联，构成向各相关因素的辐射状态。一个产品的特征是多样的，每一个特征都可形成一定的辐射状态，综合起来看，就可以构成一个相互交错的价值网。比如一部轿车有马力强劲、速度快、外观豪华、噪声小、安全气囊、节能等价值，每一特征都可以形成一面价值网。如速度快还可以发展出省时间、驾驶快感、成功象征等价值；外观豪华可发散出审美愉悦、带来体面、身份象征等价值。挖掘产品的延伸价值，更有助于广告创意的表达，如表 3-5 所示。

表 3-5　产品价值网

产品	功能价值	情境价值	产地价值	主观价值	负价值	组合价值
苹果	甜	高级酒店客房必备	产自高原/西部/首都	恋爱的甜蜜象征	农药残留	苹果牌电脑/苹果型/靠枕
汽车	代步	成功人士必备	德国/日本/美国	身份地位象征	交通事故	赛车/车模/甲壳虫汽车

案例来源：上海师范大学《广告创意基础》精品课程，作者金定海

小练习：

用思维导图的方式分别画出苹果和汽车这两种产品的产品价值网。

三、如何使用头脑风暴进行广告创意

1. 关于头脑风暴法

头脑风暴法(Brain Storming)又称智力激励法，是现代创造学奠基人奥斯本提出的，是一种创造能力的集体训练方法。它把一个组的全体成员都组织在一起，每个成员都毫无顾忌地发表自己的观念，既不怕别人的讥讽，也不怕别人的批评和指责，是一个使每个人都能提出大量新观念、创造性地解决问题的最有效方法。

该法在 20 世纪 50 年代于美国推广应用，许多大学相继开设头脑风暴法课程；其后，传入西欧、日本、中国等，并有许多演变和发展，成为创意方法中最重要的方法之一。在我国也被称为"智力激励法"、"脑力激荡法"、"BS 法"等。

2. 头脑风暴法的基本特征

头脑风暴法的核心是高度充分的自由联想。这种方法一般是举行一种特殊的小型会议，使与会者毫无顾忌地提出各种想法、彼此激励、相互启发、引起联想，导致创意的连

锁反应，产生众多的创意。其基本特征是：

- 排除评论性批判。对所提出观念的评论要在以后进行。
- 鼓励"自由想象"。提出的观念越荒唐，可能越有价值。
- 要求提出一定数量的观念。提出的观念越多，就越有可能获得有价值的观念。
- 探索研究组合与改进观念。除了与会者本人提出设想以外，还要求与会者指出，按照他们的想法怎样做才能将几个观念综合起来，推出另一个新观念；或者要求与会者借题发挥，改进他人提出的观念。

3. 头脑风暴法的实施要点

- 召集 5～12 人的小型特殊会议，人多了不能充分发表意见。
- 会议有 1 名主持人，1～2 名记录员。会议开始，主持人简要说明会议议题、要解决的问题和目标；宣布会议遵循的原则和注意事项；鼓励人人发言，提出各种新构想；注意保持会议主题方向，发言简明、气氛活跃。记录员要记下所有方案、设想，不得遗漏。会后协助主持人分类整理。
- 会议一般不超过 1 小时，以半小时最佳。时间过长，头脑易疲劳。
- 会议地点应选在安静不受干扰的场所，切断电话，谢绝会客。
- 会议要提前通知与会者，使他们明确主题，有所准备。
- 禁止批评。即使是对幼稚的、错误的、荒诞的想法，也不得批评。如果有人不遵守这一条，会受到主持人的警告。
- 自由畅想。思维越狂放，构想越新奇越好。有时看似荒唐的设想，却是打开创意大门的钥匙。
- 多多益善。新设想越多越好，设想越多，可行性方案出现的概率就越大。
- 借题发挥。可以利用他人想法，提出更新、更奇、更妙的构想。

头脑风暴法在实践中发生变化，后来又变异为默写式头脑风暴法、CBS 式头脑风暴法、逆头脑风暴法、属性列举法、戈登法，等等。

【一起做一做】

实训 1

现在，你要为金河酸奶做一个广告创意，请根据上一任务中创意的诉求点，以个人为单位用思维导图方式进行完全发散思维。

【实训目的】

- 了解思维导图的内涵。
- 了解思维导图的操作。
- 了解思维导图对于广告创意形成的重要价值。
- 能够运用思维导图发现灵感，形成好的创意。

【实训内容】

- 用思维导图方式进行完全发散思维。

- 找到创意灵感。
- 初步形成创意。

实训 2

根据思维导图的发散结果，由教师和相关同学选出 6 个最佳创意，产生团队的创意总监，每一团队在创意总监带领下，运用头脑风暴法进行金河酸奶创意的再完善。

【实训目的】

- 了解头脑风暴法的内涵。
- 了解头脑风暴法的操作。
- 了解头脑风暴法对于广告创意形成的重要价值。
- 能够运用头脑风暴法发现灵感，形成好的创意。

【实训内容】

- 用头脑风暴法方式进行创意的再完善。
- 找到创意灵感。
- 形成好的创意。

实训 3

现在，你要为新华百货财院店的一次促销活动做一个广告创意，请根据上一任务中创意的诉求点，以个人为单位用思维导图方式进行完全发散思维。

【实训目的】

- 了解思维导图的内涵。
- 了解思维导图的操作。
- 了解思维导图对于广告创意形成的重要价值。
- 能够运用思维导图发现灵感，形成好的创意。

【实训内容】

- 用思维导图方式进行完全发散思维。
- 找到创意灵感。
- 初步形成创意。

实训 4

根据思维导图的发散结果，由教师和相关同学选定 6 个最佳创意，产生团队的创意总监，每一团队在创意总监带领下，运用头脑风暴法进行新华百货财院店促销活动创意的再完善。

【实训目的】

- 了解头脑风暴法的内涵。

- 了解头脑风暴法的操作。
- 了解头脑风暴法对于广告创意形成的重要价值。
- 能够运用头脑风暴法发现灵感，形成好的创意。

【实训内容】

- 用头脑风暴法方式进行创意的再完善。
- 找到创意灵感。
- 形成好的创意。

任务4 形成创意纲要

【任务描述】

最后，让我们来分析从前面几个任务中所获得的全部有价值信息，从中提取该商品吸引顾客的重要卖点，从而引出产品概念、定位、广告的诉求等等，形成一个创意纲要。

百事流行鞋创意纲要

广告目标：昭显百事流行鞋潮流引领者的形象。表达"潮流的活性更在于它能渗透思想的方方面面，反映到生活的每个细节"，拥有百事流行鞋，就如同在自己思想的培育皿中种下一颗最有活力的因子；传达"潮流感染思想、活力源于百事"的信息，以此希望得到目标对象的接受与共鸣，达成品牌认可，进而提高品牌使用率。

目标消费群：喜爱运动与休闲的人群。

主要竞争者：耐克、阿迪达斯、安踏、李宁、康威。

主要利益点：运动风格的休闲、时装鞋及休闲风格的运动鞋，是风行国际的新概念。今天，由百事流行鞋率先带入中国的，是不甘平庸、富于挑战与创新精神的新一代的最佳选择。

主要支持点：百事流行鞋秉承百事产品的一贯高品质理念，采用高质量的材料，依照严格的品质标准生产，为顾客提供最大限度的保障。

品牌特点：百事流行鞋由运动、休闲、时尚三大系列构成，具有明朗、动感、无拘无束的风格，代表着"健康、活力、个性"的21世纪生活理念。

创意基调：年轻、运动、个性、多彩、时尚、美观。

案例来源：《广告创意表现》，作者胡川妮

【请你想一想】

为什么要写创意纲要？不写可以吗？

创意纲要包括哪些主要内容？各有什么作用？

【让我告诉你】

- 创意纲要一般由 7 部分组成。
- 创意纲要的形成，帮助创意人员找到了创意的方向。

一、创意纲要的组成部分

1. 广告目标
广告的目标是提供信息、诱导购买，还是提醒使用？

在产品上市之初，企业通过开拓性广告向目标受众提供种种信息，其目的主要在于建立基本需求，即：使市场需要某类产品，而不在于宣传介绍某种品牌；有时企业通过诱导性广告建立本企业的品牌偏好，改变顾客对本企业产品的态度，鼓励顾客放弃竞争者品牌转而购买本企业品牌；有时企业通过提示性广告提醒消费者在不远的将来(或近期内)将用得着某产品(如秋季提醒人们不久将要穿御寒衣服)，并提醒他们可到何处购买该产品。

2. 目标消费群
不仅是年龄、性别、收入而已，应尝试着以各种不同的角度来描述：你期望本广告能影响到什么类型的消费者？

3. 主要竞争者
谁是主要的竞争对手？他们的广告诉求如何？

4. 主要利益点
消费者使用本产品能得到什么重要的利益？

5. 主要支持点
产品为什么(凭什么)可以满足消费者的重要利益？如果你建议本产品提出这个利益承诺，有什么证据来支持你，让消费者来相信你？主要竞争者是否也提出与你相同的利益承诺？如果是，那么你如何期望与他们有所不同，或比他们更好？消费者是否已经熟腻了你的利益承诺？如果是，就要考虑提出其他更新颖、更独特、更重要的利益承诺。

6. 品牌特点
品牌特点是对品牌持久价值的长期描述。

7. 创意基调
创意基调是广告创意的主要观点和基本思想，是对广告短期战略的感性描述。

二、创意纲要的作用

创意纲要的形成，帮助创意人员找到了创意的方向。哲学家杜威说："问题说清楚了就等于问题解决了一半。"人们如果清楚自己在找什么，那么就会有机会找到它。这就是创意纲要为什么如此重要的原因，它有助于创意人员明确自己要寻找的东西。

```
              ××产品创意纲要

    品牌_____
    日期_____
    撰写_____
    1. 广告目标:
    2. 目标消费群:
    3. 主要竞争者:
    4. 主要利益点:
    5. 主要支持点:
    6. 品牌特点:
    7. 创意基调:
```

案例来源:《广告创意表现》，作者胡川妮

【一起做一做】

实训 1　创意纲要训练 1

根据创意的孵化结果，由每一创意团队写作金河酸奶创意纲要。

【实训目的】

- 了解创意纲要的内涵。
- 了解创意纲要的操作。
- 了解创意纲要对于广告创意形成的重要价值。
- 能够针对不同产品形成创意，并通过创意纲要理清思路。

【实训内容】

- 提炼金河酸奶创意的关键点。
- 写出金河酸奶创意纲要。

实训 2　创意纲要训练 2

根据创意的孵化结果，由每一创意团队写作新华百货财院店促销活动创意纲要。

【实训目的】

- 了解创意纲要的内涵。

- 了解创意纲要的操作。
- 了解创意纲要对于广告创意形成的重要价值。
- 能够针对不同产品形成创意，并通过创意纲要理清思路。

【实训内容】

- 提炼新华百货财院店促销活动创意的关键点。
- 写出新华百货财院店促销活动创意纲要。

第二篇　广告表现

【开篇明义】

你已经学会了如何实现创意，但好的创意只是走完了广告制作的第一步，广告创意——广告表现——广告制作是一个系统工程，那么，就让我们一起来学习如何做到好的广告表现吧！

广告"说"什么(广告表现的内容)

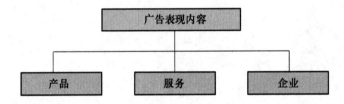

广告怎么说(广告表现的形式)

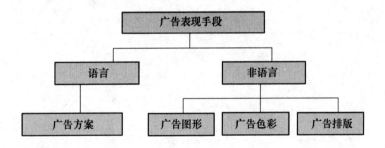

大展鸿"图"——如何设计好的
广告画面

【知识目标】

- 知道广告画面包括哪几部分内容。
- 知道图形及其表现手法。
- 知道色彩在广告中的运用。
- 知道在广告画面中如何排布图形和文字。

【能力目标】

- 能够运用特殊表现手法设计广告图形。
- 能够利用色彩原理设计广告色彩。
- 能够运用布局原则进行广告排版布局。
- 能够对广告画面进行完整构思设计。

【单元概述】

- 人们在阅读一则平面广告的时候，通常的顺序是先看画面，然后阅读标题，最后再追索正文。可见，画面在平面广告中占有举足轻重的地位，在一定程度上决定了一则广告的成功与失败。

- 在广告设计中，画面的作用主要表现在以下方面：

  - 准确传达广告的主题，并且使人们更易于接受和理解广告；
  - 有效利用画面的视觉效果，吸引人们的注意力；
  - 猎取人们的心理反应，使人们先被画面吸引，进而又从画面转向文字。

- 画面作为构成广告版面的主要视觉元素，它成功的关键在于是否和广告效果之间具有密切的关系。画面表现趣味浓厚，才能提高人们的注意力，得到预期的广告效果。

【实践步骤】

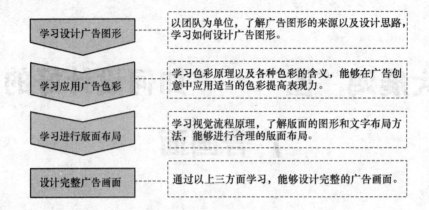

【要点提示】

● 广告画面包括图形、色彩、排版布局等三方面内容。
● 广告图形的选择要与企业、产品、消费者形成关联，并注重相关技巧的运用。
● 广告色彩要符合受众心理和文化内涵并为主题服务。
● 广告排版布局要运用视觉流程规律，对文字和图形进行合理编排。

任务1 设计广告图形

【任务描述】

广告图形是广告作品除文案之外的重要组成部分。由于图形比较直观，在广告作品中能够形象地传达广告信息，产生强大的视觉冲击力，更能吸引读者的注意力，增强广告的说服力，所以，"一图值万言"，必须高度重视广告图形的运用。从现在开始，让我们先从如何设计出色的广告图形入手开始学习吧。

广告图形是指广告中的插画，可以是真实的，也可以是虚构的；可以是绘画，也可以是摄影或其他形式；可以来源于企业和产品自身，也可来源于与此相关的其他创意图形。

【请你想一想】

图 4-1 所示的图形能够吸引你吗？为什么？这些图形是真实的，还是虚构的？可能来源于摄影还是绘画，或是别的什么？

广告图形怎样才能吸引受众？如果让你来设计，你会有什么特别的方法来提高广告图形的表现力？

受欢迎的图片是否就一定能达到广告目标？

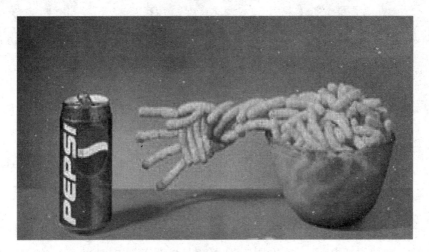

图 4-1   百事可乐广告

图片来源：行业媒体营销网(www.51emedia.com)

【让我告诉你】

- 要提高广告图形的表现力和吸引力，就必须了解广告图形的来源。
- 还要掌握几种常见的构图方法。
- 从技术上提高图形的吸引力还不够，还要加入企业、产品、受众的因素。

一、广告图形的素材

1. 产品图形

因为广告是为了促销产品或服务，所以广告中应有产品的信息。产品的色彩、造型、材质、工艺等信息均可通过图形来表现。为此，要立足于产品来挖掘图形。

2. 企业图形

广告也是传递企业经营宗旨、经营目标的一种视觉形式。为此，广告必须承载企业相关信息，如企业的地理环境、人文景观、员工形象等视觉元素，同时要从企业的经营理念、行为理念、企业文化中寻找具体图形，作为广告的设计元素。

3. 创意图形

这种图形重在创意的表达，往往表现并不真实存在的或经过精心设计的事物、场景或情节，通过采用比喻、夸张或象征手法，使图形具有很强的趣味性，能引发读者的联想和想象。表现形式有摄影、插画、平常收集的图片等。如图 4-2 所示。

图 4-2　各种素材在广告图形中的应用

图片来源：昵图网(www.nipic.com)

二、广告图形的特殊表现手法

随着时代的进步，人们对传统的视觉形式已经显得麻木了，而对于具有高度刺激性的表现形式则更易于接受。广告图形追求的是以最简洁有效的元素来表现富有深刻内涵的主题。好的广告设计作品无需文字注解，只需看图形便能使人们迅速理解作者的意图。

1. 多形同构

多形同构就是将多个元素进行创造性的、超越现实的组合，利用不同形象的特征组成一个新的形象。这种创意方法需要有敏锐的观察能力，对形象特征有高度的敏感，把人们熟知的形象素材通过重构，赋予形象一个全新的内涵。

多形同构注重的是结果，各个元素之间以一种巧妙的、看似真实、实则荒诞的形式组合成一个新的形象，从而产生视觉和心理上的吸引力。也正是这种全新的形象带给我们视觉上的愉悦、新奇或一个新的意念。

"第三届亚洲艺术节"的广告(图 4-3)把印度舞蹈者的头饰、中国京剧脸谱的眼部、泰国歌舞者面具的鼻部、日本浮士绘版画的嘴部，这些具有代表性的特征共同构成一个完整的人物形象，表现了亚洲艺术节的丰富多彩以及各国不同的艺术风格。

案例来源：个人图书馆网(www.360doc.com) "图形创意在广告设计中的灵魂作用" 一文

2. 异质同构

异质同构就是把不同质感的形象构成为一个新形象。它可以利用一种形象来表现另一种形象的质感；也可以利用形象自身质感的差异性表现主题，质感的差异越大，效果越刺激。

如图 4-4 所示，利用飞机座位上的头枕和旅客后脑勺头发构成的酒店广告创意，非常有特色。

图 4-3　第三届亚洲艺术节

图片来源: www.fa.hku.hk "Hong kong Art: Visual Archive" 一文，作者靳棣强

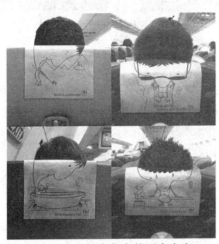

图 4-4　飞机座位上的酒店广告

图片来源: 新浪网·旅游频道(travel.sina.com.cn)

3. 同形异构

形象是多姿多彩、千差万别的，但我们可以把具有相同特征的形象归纳起来，比如月亮和汤圆，保龄球和酒瓶，树干和香烟等看似毫不相关的形象，它们在形状上或者相同或者近似。同形异构就是利用不同形象的共性使它们矛盾地统一在一起，给人们一种新的视觉感受。

想想看，一个女人的卷发变成了链条、稻草(图 4-5)……你一定会从中得到新的体验。异构要以同形为基础，不要牵强，既要出奇不意，又要有它的合理性。

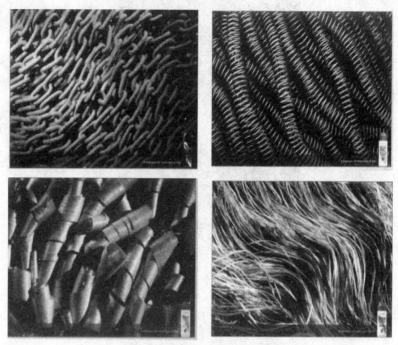

图 4-5　SEDA 洗发水广告

4. 共生图形

共生图形指的是形与形之间共用一部分或轮廓线，相互借用、相互依存，以一种异常紧密的方式将多个图形整合成一个不可分割的整体，这种表现方式在视觉上具有趣味性和动感，起到以一当十的画面效果。

例如，波兰的一则戏剧招贴(图 4-6)，画面上人与鸟共用一条轮廓线，营造出一种神秘的氛围，同时很好地表达了主题，这种严密的思维与共用线产生的组合排列，体现了永恒、循环的特征。

图 4-6　波兰戏剧招贴

5. 换置图形

换置图形指的是在保持物形的基本特征的基础上，将其中某一部分用其他物形素材所替换的一种整合方式。它是利用形的相似性和意义上的相异性创造出具有新意的形象。

如图 4-7 所示的鱼罐头广告，将鱼身的一段以罐头代替，以表现罐头的新鲜。

图 4-7 鱼罐头广告

图片来源：设计家族网站(http://desingnmi.cn)

6. 异影图形

物像一般只是主题的表象，影像却是主题的实质反映。它们彼此相生，表达一个意境、一种观念。如图 4-8 所示，用来替代原来影子的可以是形态相似的物形，可以是具有某种内在联系的元素，也可以是赋予影子的自主生命力等。

图 4-8 奥妙洗衣粉

图片来源：破洛洛网站(www.poluoluo.com)

三、广告图形的设计原则

1. 传达准确的广告信息

广告图形要真实准确地传递产品信息，使消费者快速而又正确地了解广告的意图。准确的表达并不等于简单的再现，而是基于产品特征的概括与艺术表现，这种艺术表现注重形式与内容的真实统一。也就是说，图形形象应符合产品内在品质属性、品牌形象以及目标消费群体的的审美喜好等方面的要求，恰如其分地传达准确的广告信息(图4-9)。

图4-9　雀巢咖啡广告

图片来源：4A酒吧网站(www.4a98.com)"雀巢咖啡平面广告"一文

2. 展现鲜明的个性形象

现代广告图形的发展已由美化表现时代进入个性追求时代，个人要追求个性的展现，企业也要追求个性化的形象，广告宣传上要大胆创新，不能人云亦云，否则终将淹没在人群中。作为设计师应努力发掘广告创意的新思维、新视角，创造具有时代感和前瞻性的个性化形象，促使受众对产品或企业形成深刻记忆(图4-10)。

图4-10　土壤肥料广告图

图片来源：洛阁堂网站(www.logotang.com)

3. 营造气氛，引起共鸣

科技的进步带来了生产领域的空前发展，大型企业之间的同类产品在性能、质量上已经没有太大差异；市场竞争由简单的质量竞争转向品牌、个性、形象与服务的竞争；产品广告也不再是单纯的功能描述，而进一步发展到体现人文关怀的层面。好的图形可以营造出一种氛围，激发消费者产生情感共鸣。

4. 适应广告的发布环境

不同的地域、不同的民族有着不同的宗教信仰、民族习俗和审美取向，具有不同文化背景的消费者对同一图形的理解是不尽相同的，因此，图形的选择与使用应充分考虑这些因素，尊重广告发布地区的风俗习惯，以保证广告宣传的效果。如图 4-11 所示的广告有什么问题呢？

图 4-11   大众 POLO 地铁广告

图片来源：卓众汽车网(www.uncars.com)

业界认为广告图形制作应该注意的事项

1. 图形必须有一个鲜明的主题。
2. 图形宜产生一个悬念，用以吸引观看。
3. 功能性产品的图形，使用前后的对比极有说服力。
4. 照片的吸引力更胜手绘。
5. 图形中只需重点突出一个卖点，不宜过于繁复。
6. 人物脸部不宜大于实际尺寸。
7. 过于陈旧的图片无吸引力，除非运用十分得当。
8. 以目标消费对象的心态来考虑图形主体。
9. 以"婴儿"、"小动物"、"美女"(3B)为主体的图形最具影响力。
10. 男性产品使用性感女郎可能会造成男性对产品的忽视。

11. 彩色图形的吸引力比黑白的高出 1 倍。

12. 对于食品类广告而言，馋涎欲滴的照片必不可少。

13. 使用明星照片能加强记忆力。

【一起做一做】

实训 1　广告图形赏析训练

欣赏几则反对酒后驾车的公益广告(图 4-12)，将广告图形中涉及的特殊表现手法进行分类，并了解这些表现手法的优点和价值，然后在此基础上，运用所学构图知识设计广告图片草图。

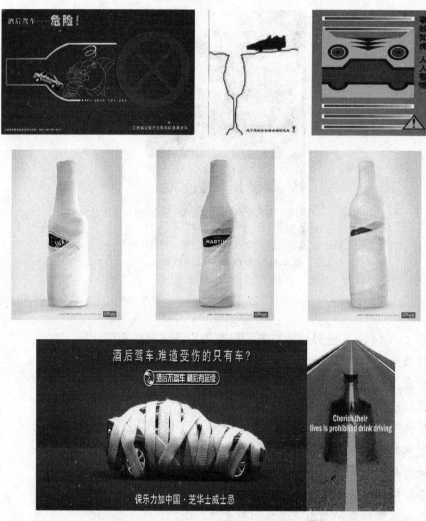

图 4-12　一组 "反对酒后驾车" 的广告

图片来源：广州日报(http://gzdaily.dayoo.com)、洛阁堂(www.logotang.com)网站等媒体

【实训目的】
- 了解广告图形的特殊表现手法。
- 了解广告图形对于广告表现的重要价值。
- 能够区分不同的图形表现手法。
- 能够鉴赏用不同图形表现手法设计的广告。
- 能够运用所学构图知识设计广告图形草图。

【实训内容】
- 观察图 4-12 所示的广告,请你依次说出这些广告图形分别运用了何种表现手法?你还能将"酒后驾车"与什么东西联系在一起?
- 请以团队为单位设计"反对酒后驾车"广告图形草图。

实训 2　广告图形设计训练 1

在宁夏市场上,金河的竞争者是夏进。现在,你要为金河酸奶的一则报纸广告寻找或创作适当的广告图形。

【实训目的】
- 了解广告图形的素材来源。
- 了解广告图形的特殊表现手法对于广告表现的重要价值。
- 能够运用所学知识设计广告图形草图。

【实训内容】

多渠道了解夏进和金河的产品特点、目标消费者以及竞争者特点,运用所学知识,设计广告图形草图。

实训 3　广告图形设计训练 2

现在,你要为新华百货财院店的一则校园海报寻找或创作适当的广告图形。

【实训目的】
- 了解广告图形的素材来源。
- 了解广告图形的特殊表现手法对于广告表现的重要价值。
- 能够运用所学知识设计广告图形草图。

【实训内容】

多渠道了解新华百货财院店的产品特点、目标消费者以及竞争者特点,运用所学知识,设计广告图形草图。

任务 2　设计广告色彩

【任务描述】

色彩能够给受众强烈的视觉刺激。不仅在平面广告中要经常用到色彩,而且在电视广告、网络广告等其他媒体广告中，色彩都是不可缺少的视觉要素。

奥迪公司的色彩设计

奥迪公司负责色彩及内饰设计的工作人员早在一个新车型诞生的数年前，就为它的颜色进行研究开发，从这个角度而言他们必须是艺术家，必须对远期趋势有敏锐的洞察力。以奥迪敞篷车为例，有宝石蓝、加勒比蓝、宇宙黄、墨绿等专用色彩。A4 敞篷车(图 4-13)有一个口号是"色彩即感情"，并且对这些颜色进行了阐释。

图 4-13　奥迪 A4 敞篷车

图片来源：新浪汽车(http://auto.163.com)

墨绿：

自然界原始色彩充满预兆：

人们对五彩的鲜花，

新的体验和开辟道路的力量趋之若鹜。

人在绿色空间中情绪安定，

感到有了归宿，因而绿色很受欢迎。

浓烈的色彩代表高雅、动感、可靠与和谐。

高雅的框架从细节表现了

奥迪 A4 敞篷车的外形。

宇宙黄：

将一个有宇宙放射力的乐观主义色彩，

用于蓝色天空下面，

作运动旅行——

无论什么季节。

这种闪光的黄色代表驶向新的彼岸，

相信自己的力量，温暖的力量

A4 无论是在乡村公路上，

还是在城里，

人们都会情不自禁地向它投去一瞥。

宝石蓝：

像大海一样令人安静，

如宝石一样晶莹发亮，

颜色的名称竟有这样的效果。

透明的蓝色清晰、冷静、朴素无华，

能唤起人们对发现的热情

和对自由的向往。

宝石蓝有种神秘感，又很温和，

是奥迪 A4 敞篷车理想的背景色。

加勒比蓝：

一望无际的蓝色，

它或自成一体，

或者同淡雅柔和的颜色

和深底色相结合，都显得很有力量。

它使人的思想

离开苍白的日常生活，

奔向一望无际的地平线。

这是一种进步的色彩，

表现为对未来和技术的

不断改善抱有坚定的信念——

这就是 A4 敞篷车的哲学。

案例来源：《色彩的含义——广告传播技术之三》，作者刘宏

【请你想一想】

仔细阅读"奥迪公司的色彩设计"，想想看，色彩有生命吗？每一种不同的色彩是否能够代表不同的心理、感情、文化……？

每人说出一种最能代表你自己的颜色，并告诉大家为什么？

你喜欢什么颜色？亮的、暗的，黑白的、彩色的，纯色、混合色，哪一种更能引起你的注意？

色彩与产品有关系吗？想想看，不同的色彩是否能够代表不同的产品？请你举出几个例子，说明这种相关关系。

广告图形和文字的色彩设计要考虑哪些因素？如何设计才最有效果？

【让我告诉你】

● 要进行色彩设计，先要了解色彩的基本原理。

● 还要了解色彩的感情，不同的色彩能够代表不同的感情。

● 最后，考虑广告产品、受众、主题、文化风俗等多种因素以确定广告色彩。

一、色彩的基本原理

1. 色彩三要素

每一种色彩都具有色相、明度和纯度三种要素。

● 色相是指色彩的相貌、种类。三原色和四间色是标准色相，不同标准色混合，构成不同的色相。现在视觉能够辨认的色相有一百多种。

三原色

原色，又称为基色，即用以调配其他色彩的基本色。原色的纯度和明度最高。三原色可以调配出绝大多数色彩，而其他颜色不能调配出三原色。

三原色分为两类，一类是色光三原色，另一类是颜料三原色。

如图 4-14 所示，右图是色光三原色，左图是颜料三原色。

图 4-14 三原色

图片来源：蜂鸟网

色光三原色——加色法原理(RGB 色彩体系)

人的眼睛是根据所看见的光的波长来识别颜色的。可见光谱中的大部分颜色可以由三种基本色光按不同的比例混合而成，这三种基本色光的颜色就是红(Red)、绿(Green)、蓝(Blue)三原色光。RGB 值是从 0 至 255 之间的一个整数，不同数值叠加会发生不同的色彩。这三种光以相同的比例混合，且达到一定的强度，就呈现白色(白光)；若三种光的强度均为零，就是黑色(黑暗)。这就是加色法原理。加色法原理被广泛应用于电视机、监视器等主动发光的产品中。

颜料三原色——减色法原理(CMYK 色彩体系)

CMYK 分别代表青(Cyan)、品红(Magenta)、黄(Yellow)、黑(Black)，这是一种基于反

光的色彩体系，在打印、印刷、油漆、绘画等靠介质表面反射被动发光的场合，物体所呈现的颜色是光源中被颜料吸收后所剩余的部分，所以其成色的原理叫做减色法原理。 减色法原理被广泛应用于各种被动发光的场合。CMYK 值是以浓度 0～100%来表示，不同浓度叠加会发生不同的色彩。理论上相同浓度的 CMY 叠加，则会变成黑色，但实际混淆色料后并不会呈现黑色而是暗灰色，所以将黑色独立出来，增加印刷时色彩的领域。

案例来源: 北京镜海艺术职业技能培训学校网站(www.jinghaisj.com)

- 明度又叫亮度，是指色彩本身的明亮程度。色彩由明到暗，有很大差别。在各种色相中，黄色最亮，紫色最暗。
- 纯度也叫彩度，是指色彩纯粹的程度，或者是色彩的饱和度。纯度达饱和状态的就是标准色，也称正色。

2. 色彩的对比与调和

色彩的对比指两种以上的色彩放在一起，如果出现清晰可见的差别，就形成对比。可运用色相、明度、纯度、冷暖等多种形式进行对比。通过适当的对比，往往能够使广告主题更加鲜明、突出。

色彩的调和，一是指配色所产生的协调、舒适、美好的状态；二是指配色的手段、方法。调和能改变色彩的明度和纯度，能使整体画面均衡、柔和。在实际运用中，色彩调和是非常重要的。

二、色彩的形象(表 4-1)

表 4-1　色彩的形象

色　　彩	色　彩　形　象
红	华丽、鲜艳、强烈、活动、女性、夏季、都市、游玩
橙	欢喜、狂欢、洗练、热闹、行动、快乐、满足
黄	希望、清爽、摩登、年轻、快乐、柔软、愉快
黄绿	清新、田园、清新、摩登、幸福、和平、自然
绿	新鲜、安详、理想、清静、安静、田园、青春
蓝	沉着、科学、理智、快捷、冷淡、细密、理想
紫	高贵、古风、雅致、潇洒、神秘、优雅、担心
白	清洁、神圣、纯真、浪漫、清新、漂亮、洁净
灰	土气、坚硬、无聊、雅致、孤独、时髦、认真
黑	严肃、正式、机械、厚重、男性、非主流、夜、工作

案例来源:《广告设计中使用色彩的原则》一书

色彩能调动起人们的微妙情感和种种联想，产生不同的心理感受，有一定的象征意义。总体上来说，红色、黄色、橙色等是暖色，其中橙色最暖。这些颜色能加速人的血液循环，使人联想到太阳、火焰而感觉温暖。蓝色、绿色等是冷色，其中蓝色最冷。这些颜色能减缓人的血液循环，让人联想到冰峰、海洋而感到寒冷。

具体来说，红色给人以热烈、艳丽、饱满充实而富有生命力的感觉，在社会生活中往往象征幸福、吉庆和欢乐；但红色也会使人联想到血与火，产生恐惧、愤怒等情绪。

黄色使人感到光明、辉煌、柔和、纯净，在社会生活中则有充满希望的感觉；但黄色不能同其他色彩调和太多，容易变脏，给人以病态、没落之感。

蓝色能造成一种深远、宁静和沉思的气氛，象征和平、纯洁和理智；但有时也会使人有悲伤之感。

绿色是大自然普遍存在的色彩，给人以平和、安静和活力。不同的绿色象征着生命的不同阶段：黄绿昭示青春和活泼；中绿展现健美和成熟；土绿表示衰老和沉重；而青绿则有理智、智慧、沉稳的含义。

橙色类似红色，色彩强度大，使人感到明亮、华丽和高贵，常在广告设计中有衬托、点缀之功能。

紫色往往给人以高雅之感，象征着高贵、尊严和优雅，但也有孤独、神秘的含义。与红色配合，象征华丽、和谐；与蓝色配合，象征华贵、低沉；与绿色配合，象征感情成熟。

青色明亮效果较差，使人感到凝重、淳厚、古朴。

黑色象征严肃、悲哀、死亡；但又可用来做对比色和衬托。

白色象征纯洁、朴素、高雅，能与所有色彩特别是黑色构成明快的对比调和关系。

三、色彩的运用

在色彩运用中，需要注意以下几个原则。

1. 突出广告主题

通过广告色彩所显示的特定含义，使消费者受到某种特定情绪的感染，直接领悟到广告所要传达的主旨，唤起人们的情感，引起人们对广告及广告商品的兴趣，最终影响人们的选择。

- 红、橙、黄等暖色调以及对比强烈的色彩，对人的视觉冲击力强，给人以兴奋感，能够把人的注意力吸引到广告画上来，使人对广告产生兴趣。蓝、绿等冷色以及明度低、对比度差的色彩，虽不能在一瞬间强烈地冲击视觉，但却给人以冷静、稳定的感觉，适宜表现高科技产品的科学性、可靠性。
- 暖色、纯色、明色以及对比度强的色彩，使人感到清爽、活泼、愉快，利用色彩的这一特点设计广告，能够使人心情愉快地接受广告信息。
- 色彩也有档次感，有气派的、华贵的色调总是用于高档的产品，那些朴实大方的色调总是与实用品相联系。时装广告、化妆品广告常常用彩度高、明度高以及对比强烈的色彩来表现，给人以华丽感。

2. 传递商品信息

运用独特的色彩语言，借以表达商品的种类和特性，把商品的相关信息，真切自然地表现出来，以便于消费者辨认和购买，增强消费者对产品的了解和信任。

- 不同的商品，对色彩要求不一样。美容化妆品可采用较柔和、娇嫩、洁净的颜色，如粉红、淡黄、白色等；以蓝白色表示纯净水、矿泉水的清凉可口；以高纯度的红、黄、橙色体现食物的色、香、味和营养感，以嫩绿色表示蔬菜的新鲜；玩具可以用鲜艳明快、对比强烈的色彩，这符合儿童的心理特征。

- 同一商品的销售市场不同，色彩要求也不同，尤其是出口商品，一定要弄清楚那个国家的人民喜欢什么颜色，忌讳什么颜色。例如：在东南亚和欧洲，视黄色为高贵的王室御用色，代表着神圣和尊严；在美国，黄色也是深受人们喜爱并被广泛运用的颜色；但在日本，黄色却象征着遭殃，有趋于死亡之意。所以，在美国行销不衰的"百事可乐"饮料，由于包装上商标的主色调是黄色而在日本市场滞销。

- 不同档次的商品，色彩也应有所不同。高档商品的包装色彩力求高贵华丽，如采用金色、银色；中低档商品则应满足消费者的心理，且要与商品本身相适合

3. 吸引受众注意

- 利用色彩引人注意，增强记忆。色彩应能吸引人的视线，让人产生继续观看的兴趣。实验表明，相比之下彩色广告更有吸引力。人们在不同场合受到同一信息的反复刺激，就会形成牢固记忆。广告运用色彩反复传递同样的信息，就能加深受众的印象，促进记忆。

- 色彩是有性别、年龄之分的，要根据产品设计的定位和产品销售的对象来进行色彩的选择。一般来说，儿童喜爱极鲜明的颜色。如婴儿偏好红和黄；四至九岁儿童最爱红色；九岁以上儿童最喜欢绿色，七至十五岁的学生，男生喜爱的颜色依次为绿、红、青、黄、白、黑，女生喜爱的颜色依次为绿、红、白、青、黄、黑。比较一下不难看出，女生比男生更偏爱白色，绿和红是男女生共同喜爱的颜色，黑色是不怎么受欢迎的。青年人喜好明亮热烈的色彩，如黄色、橙色、粉红色；年龄大些的，则趋向于平淡色调。一般而言，明快色彩更易受女性青睐。

4. 符合文化风俗

针对产品的目标市场和广告发布地来选择广告色彩，色彩设计应尊重不同地域和民族的用色禁忌。民族不同，风俗习惯不同，爱好、禁忌也不同；受教育程度、文化层次不一样，对色彩的喜好也不一样。有人认为，文化水平与对中间色的喜好程度成正比。黄土高原和云贵高原一些少数民族或者边远山区的人们，喜爱大红大绿等一些极鲜艳的颜色，那既是和他们生活在苍凉、浑厚的高原和大山和谐、统一的，又是他们顽强生命力以及他们对生活的热爱的外在表露；而对现代文明程度稍高的城市而言，人们偏爱的是淡雅、清新、明快的颜色。对于中国人和西方人来说，西方人视粉红色为生命之色，因为粉红色有多愁善感、易激动和浪漫的感情色彩，这是和西方人热情、外向、夸张的性格相对应的；而中国人把绿色看成是生命之色，绿色象征着希望、青春、朝气，绿色也代表着和平、稳定，有安于现状、祈求平安的情感成分，这又是和中华民族含蓄、稳重、平和的美德分不开的。

有关国家对色彩的喜好和禁忌

中国——崇尚红色，它象征着好运、喜庆、幸福；黄色是帝国之色，伟大、神圣，在人们的心中仅次于红色；白、黑为丧色。

日本——喜欢红、绿等艳丽的颜色，也喜欢柔和淡雅色调；黄色表示未成熟；青色代表青年、青春；白色是天子服饰的色彩；黑色为高级产品所用，也用作丧事。

马来西亚——绿色象征宗教，也用于商业；黄色为王室色彩，一般在商品或广告中不用此色。

泰国——多喜欢鲜明之色。红、白、蓝为国家的颜色，黄色为王室标志。

印度——喜欢红、黄、黑、金色。紫色表示宁静、悲伤。白象、白牛象征吉庆神圣。

土耳其——代表国家的绯红色、白色较为人喜爱；也喜爱绿色及其他鲜明色；布置房间禁用花色，因花色是凶象。

巴基斯坦——流行鲜明之色，最喜爱国旗的翡翠绿；多厌恶黄色，因为它是婆罗门教僧侣服的色彩。

埃及——绿色代表国家，较流行；蓝色是恶魔的象征。

伊拉克——绿色象征伊斯兰教，国旗的橄榄绿不在商业上使用；客运行业用红色。"细亚"人喜穿深蓝色，黑色用于丧事。

美国——无什么特殊好恶，但十分注重研究、推行特定色彩。在大学里，用颜色代表专业：橘红色代表神学；青色代表哲学；白色代表文学；绿色代表医学；紫色代表法学；金黄色代表理学；橙色代表工学；粉红色代表音乐；黑色代表美学或文学。颜色还用来表示月份：1月的代表颜色是黑或灰；2月的代表颜色是藏青；3月的代表颜色是白或银；4月的代表颜色是黄；5月的代表颜色是淡紫；6月的代表颜色是粉红或蔷薇色；7月的代表颜色是天蓝；8月的代表颜色是深绿；9月的代表颜色是橙或金；10月的代表颜色是茶色；11月的代表颜色是紫；12月的代表颜色是红。

法国——厌恶墨绿色，因为它是纳粹军服色。

德国——南方比北方喜欢鲜明色。茶色、黑色、深蓝色的衬衫和红色领带一般忌用。

奥地利——绿色为高贵色、流行色。

比利时——蓝色是不吉利的颜色。

荷兰——代表国家的橙色、蓝色颇受欢迎。

瑞士——流行原色和红、白相配的国旗色，黑色衣服只用于丧服，但喜欢黑色汽车。

挪威——由于冬季漫长，人们喜爱鲜明的色彩，特别是红、蓝、绿三色。

瑞典——商业上一般不用代表国家的蓝、黄色。

西班牙——喜欢用黑色。

保加利亚——不喜欢鲜明的色彩，特别是鲜绿色，衣着大多选用不鲜明的绿色和茶色。

案例来源：武汉纺织大学精品课程《广告学概论》(http://jpkc.wuse.edu.cn)

【一起做一做】

实训 1 广告色彩赏析训练

请仔细观察下面的广告(图 4-15)，评价它的图形色彩。

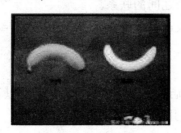

图 4-15 牙膏广告

图片来源：超平面网(www.lineoid.com)

【实训目的】

● 了解色彩在广告中的应用。

● 了解不同色相、明度、纯度的色彩在广告表现中的价值。

● 了解色彩与产品、受众之间的联系。

【实训内容】

在仔细观察案例的基础上，运用所学色彩原理对特定广告进行评价，为设计广告色彩打下基础。

实训 2 广告色彩设计训练 1

在宁夏市场上，金河的竞争者是夏进。现在，你要为金河酸奶做一个报纸广告，请多方收集关于该产品的特点、消费者特点和竞争者特点的相关资料并运用所学色彩知识，进行广告图形色彩的设计。

【实训目的】

● 了解色彩在特定广告中的应用。

● 了解不同色相、明度、纯度的色彩在广告表现中的价值。

● 了解色彩与产品、受众之间的联系。

● 根据特定广告主题以及产品、受众、竞争者情况，综合考虑地域文化等因素设计适当的广告色彩。

【实训内容】

多渠道了解夏进和金河的产品特点、目标消费者以及竞争者特点，运用合理的色彩表达广告主题和产品特点，引起受众共鸣。

实训 3 广告色彩设计训练 2

现在，你要为新百连超财院店做一个校园海报，请多方收集关于该产品的特点、消费者特点和竞争者特点的相关资料并运用所学色彩知识，进行广告图形色彩的设计。

【实训目的】

- 了解色彩在特定广告中的应用。
- 了解不同色相、明度、纯度的色彩在广告表现中的价值。
- 了解色彩与产品、受众之间的联系。
- 根据特定广告主题以及产品、受众、竞争者情况，综合考虑地域文化等因素设计适当的广告色彩。

【实训内容】

多渠道了解新华百货财院店的产品特点、目标消费者以及竞争者特点，运用合理的色彩表达广告主题和产品特点，引起受众共鸣。

任务3 设计广告版面

【任务描述】

版面设计是图形、标志、文字、色彩在平面媒介上的经营布局，体现为各种元素的有序铺陈，是一种有生命、有性格的表现形式，相同的元素通过不同版式的安排，能表现丰富多样的特点。如果把版面编排比喻成一个厨师，那么，图形、标志、文字、色彩就是厨师手中的作料，这些作料谁先放、谁后放，以及火候怎么掌握都有大学问，相同的作料、不同的做法都会有不同的味道。因此，一道广告大餐是否"色香味俱佳"，除了选料精良外，厨师的烹饪技巧也是关键因素。

【请你想一想】

观察图4-16并思考：你看图形时的视觉流程是怎样的(先看什么后看什么)？在同一版面上各种不同位置、色彩、形状的图形中，哪些更加引人注意？为什么这些图形会更加引人注意呢？

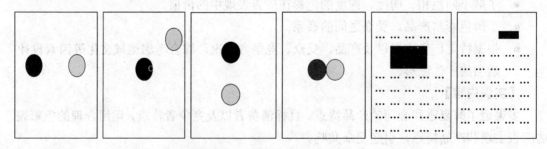

图4-16 图形的色彩、位置、面积与受注目程度的关系

我们在进行版面设计时，能否利用视觉流程的规律？

在这本书中找一些广告图片，说说你认为哪些版面的编排比较好，为什么？

在这本书中找一些广告图片，观察一个完整的平面广告除了图形之外，版面中还有什么内容？

平面广告中，文字与图形的关系是怎样的？文字通常有哪些编排形式？你更喜欢什么样的形式？如果一个广告既有文字，又有图形，应该怎样处理它们之间的关系？

【让我告诉你】

- 进行版面设计，必须先了解视觉流程，要利用视觉流程引导受众看到你愿意让他们看到的东西。
- 版面设计中最重要的是图形和文字，以及它们之间的关系。
- 版面设计的方式有许多，你可以根据广告目标、产品或服务的特征、受众喜好去选择具体方式。

一、视觉流程

所谓视觉流程，就是人的视觉在接受外界信息时的流动程序，如图 4-17 所示。这是因为人的视野极为有限，不能同时感受所有的物像，必须按照一定的流动顺序进行运动，来感知外部环境。

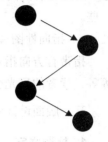
图 4-17　视觉流程

- 人们的阅读一般习惯从画面的左上角开始，目光向右再向下移动，大致呈"Z"字走向。
- 眼睛总是先注意色彩饱和度高的图形、彩色的图形或深色的图形，而较不容易注意色彩饱和度低的图形、黑白的图形或浅色的图形。
- 眼睛总是先注意面积大的图形。

视觉流程会影响版面编排设计，版面编排设计也会影响视觉流程。图形、色彩、文字等元素在编排上的大小、明暗、位置及形状不同，对读者阅读广告的顺序也会起到引导作用。

二、版面设计中图形的编排

要对视觉流程进行引导，大致可分为以下 4 个方面(图 4-18)。

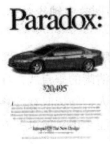

图 4-18　由位置、色彩、面积、指向性图像对视觉流程进行引导

图片来源于网络

- 位置引导

将要突出的图形置于左上方、上方或中间位置。

- 色彩引导

通常彩色的、深色的图形相比黑白的、浅色的图形更容易引起读者的注意，视觉上一般习惯由彩色移到黑白、由深色转向浅色。在广告设计中巧妙地利用这一规律，能引导读者有效地阅读全文，提升广告表现的效果。

- 面积引导

占有较大面积的图形或文字自然要比占有较小面积的图形或文字容易引起读者的注意，因此读者的阅读顺序是由大到小的，这也是为什么重要的、主体的文字形象通常要大一些。

- 指向性图像引导

指带有方向指示的图形对读者注意力的引导，比如手指、箭头、线条、运动中的形象等等。读者的目光会随着图形指示的方向移动。

三、版面设计中文字的编排

1. 标题文字

标题是文案中的关键元素，即广告的题目，有引人注目、引起兴趣、诱读正文的作用。在版面编排时，要根据广告的主题，配合图形造型的需要，选用不同的标题字体、字号，运用视觉艺术语言，引导公众的视线自觉地从标题转移到图形、正文上。标题文字是版面中较重要的部分，设计编排得好，可以起到画龙点睛的效果。许多设计者都千方百计地在标题文字编排上做大胆尝试，也出现了不少好的创意范例。标题文字编排的最终目的是深化主题、突出信息，给人以深刻的印象。

2. 正文

(1) 对齐

- 首尾对齐。文字从左端到右端的长度均齐，使字群显得端正、严谨、美观。此排列方式是目前书籍、报刊常用的一种。

- 居中。以中心为轴线，两端字距相等。其特点是视线更集中、中心更突出、整体性更强。用居中排列的方式排列文字时，文字的中轴线最好与图片中轴线对齐，以取得版面视线的统一。

- 左对齐或右对齐。左对齐或右对齐的排列方式有松有紧、有虚有实，能自由呼吸，飘逸而有节奏感。左或右取齐，行首或行尾自然就产生出一条清晰的垂直线，在与图形的配合上易协调和取得同一视点。齐左显得自然，符合人们阅读时视线移动的习惯；相反，齐右就不太符合人们阅读的习惯及心理，因而少用，但以齐右的方式编排文字似乎显得新颖。

(2) 文字绕图

将去底图片插入文字版中，使文字直接绕图形边缘排列。这种手法既给人以亲切自然之感，又具有融合生动之感，是广告作品中常用的插图形式，如图 4-19 所示。

图 4-19　文字绕图

(3) 首字突出

将正文的第一个字或字母放大，是当今流行的设计潮流。此技巧的发明源于欧洲中世纪时代的文稿抄写员。由于它在文体中起着强调、吸引视线、装饰和活跃版面的显著作用，所以这一技巧被沿用至今，如图 4-20 所示。

图 4-20　首字突出

(4) 自由排列

是不拘泥于对齐方式的一种排列形式，文字的编排主要根据广告主题配合图形来进行，通常以文字的疏密、走向形成与图形匹配的排列，与画面图形相结合，形成夸张而有趣的呼应。设计时应注意文字的排列秩序与图形的内在联系，以及整体画面是否和谐统一。

四、版面编排的基本类型

1. 标准型

这是最常见的简单而规则的广告版面编排类型(图 4-21)，该广告一般从上到下的排列顺序为：图片、标题、正文、标志图形。它首先利用图片和标题吸引读者注意，然后引导读者阅读正文和标志图形，自上而下符合人们认知的心理顺序和思维活动的逻辑顺序，能够产生良好的阅读效果。

2. 骨骼型

骨骼型是一种规范而理性的分割方法(图 4-22)。常见的骨骼型有竖向分栏和横向分栏等形式，一般以竖向分栏为多。在图片和文字的编排上应严格按照骨骼比例进行编排配置，给人以严谨、和谐、理性的美。

3. 满版型

版面主要以图像为诉求充满整版，视觉传达直观而强烈(图 4-23)。文字的配置压置在上下、左右或中部的图像上。满版型给人以大方、舒展的感觉，是商品广告常用的形式。

图 4-21 标准型   图 4-22 骨骼型   图 4-23 满版型

图片来源：PPT 模板家园(www.pptjia.com)；简洁设计网(www.jianjie8.com)；米花网(www.mihua.net)

4. 分割型

是用文字、图案、色彩将版面进行不同方向、比例和形态的分割(图 4-24)，所形成的区域产生明暗、疏密、动静的对比关系。常见的有上下、左右、斜向、曲线等分割类型。

5. 重复型

将单一或近似的元素按一定的规律重复排列，形成节奏感和秩序感(图 4-25)。

图 4-24　分割型　　　　　　　　　图 4-25　重复型

图片来源：IQ365 网站(www.iq365.com)；米花网(www.mihua.net)

6. 中轴型

将图形做水平或垂直方向的排列，文案以上下或左右配置(图 4-26)。水平排列的版面给人稳定、安静、和平与含蓄之感；垂直排列的版面给人强烈的动感。

7. 对称型

对称的版式给人稳定、庄重、理性的感觉。对称有绝对对称和相对对称(相对对称如图 4-27 所示)。一般多采用相对对称，以避免过于死板。对称一般以左右对称居多。

8. 棋盘型

在安排版面时，将版面全部或部分分割成若干等量的方块形态，互相明显区别，作棋盘式设计(图 4-28)。这种编排宜用于介绍一系列产品或使用该产品后不同人们的反应等等。在做这种设计时，要注意不同区域的动感和韵律感，在色彩、图形大小上进行调整与区别。

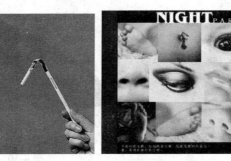

图 4-26　中轴型　　　　　　图 4-27　对称型　　　　　　图 4-28　棋盘型

图片来源：米花网(www.nihua.net)"15 种常见的 PPT 版面布局"一文

9. 重心型

重心型(图 4-29)有三种形式：①直接以独立而轮廓分明的形象占据版面中心；②向心，视觉元素向版面中心聚拢的运动；③离心，犹如将石子投入水中，产生一圈圈向外扩散的弧线运动。重心型版式容易产生视觉焦点，使其强烈而突出。

图 4-29　重心型

五、关注版面编排设计与广告产品、受众、竞争者之间的联系

什么样的广告编排设计才能最大限度地传递产品信息，吸引受众注意，成为展开竞争的重要手段呢？

1. 引人注目，阅读方便

优秀的版面编排就是将各构成要素有效地组织起来，通过相互关系的配合，形成强烈的风格面貌，吸引读者的目光。一般说来，广告抓住受众注意力的机会只有一两秒钟。事实也确实是这样，广告受众调查表明，有 85%的广告根本没有人看到。良好的设计不仅可以引起注意，而且可以保持注意，还可以在最短时间内传递更多的信息，使受众轻松理解信息(图 4-30)。

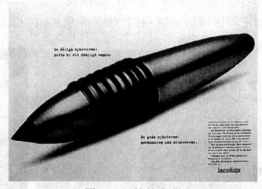

图 4-30　笔的广告

2. 形式简洁，整体统一

图形、标志、文字、色彩等元素之间的关系是通过秩序的约定来显现的，而这种秩序要以广告主题、大众审美心理为依据，才能达到形式与内容的统一、视觉表现语言与消费者审美需求的统一。

3. 树立形象，展现个性

版面设计是一种有生命、有性格的表现形式，这种性格的体现与广告产品的特征有着紧密的联系，应根据不同产品所表现出的柔和或奔放、时尚或古朴、甜美或粗犷的个性面貌，设计各具特色的版面。此外，还要根据企业整体形象策略的定位要求，树立品牌形象，展现品牌个性。

业界认为在排版时应该注意的事项

1. 重要的英语标题不宜使用全大写(降低认知度)。
2. 标题不宜重叠于图片之上(干扰视线)。
3. 标题中无标点(通常情形下)。
4. 内文每行不宜过长(人们习惯阅读的文字为每行 40 字)。
5. 内文排列必须有条理、有规律，不能过于凌乱(不便阅读)。
6. 内文宜使用白底黑字，细线体字(有助阅读)。
7. 深底反白的内文极难阅读(加快眼部疲劳)。

【一起做一做】

实训 1

观察图 4-31 所示的两幅图片，分析它们在位置、色彩、面积上运用了什么方法来对受众进行视觉流程的引导。

【实训目的】

● 了解视觉流程的规律。

● 了解如何运用视觉流程运动规律对受众进行引导，以达到突出表现主题的目的。

图 4-31 实训 1 的两幅图片(来源于网络)

【实训内容】

对图片进行简单分析，了解视觉流程在图片表现中的价值。

实训 2

观察图 4-32 所示的两幅图片中的文字,分析它们用了什么文字编排处理方式,以及这样的方式有什么好处。

【实训目的】
- 了解图片中文字的编排处理都有哪些方式。
- 了解每种方式的特点和价值。

【实训内容】

对图片中的文字进行简单分析,了解图片中文字编排处理都有哪些方式以及它们各自的特点和价值。

图 4-32　实训 2 的两幅广告图片

图片来源:豆豆网(http://tech.ddvip.com)

实训 3

分析图 4-33 和图 4-34 中用了哪些版面编排处理方式,以及这样的方式有什么好处。

图 4-33　实训 3 的三幅图片(来源于网络)

图 4-34　实训 3 的一幅图片(来源于网络)

【实训目的】

● 了解版面的编排处理都有哪些方式。

● 了解每种方式的特点。

【实训内容】

对版面编排进行简单分析，了解版面编排处理都有哪些方式以及它们各自的价值。

实训 4　广告版面设计训练 1

现在，你要为金河酸奶即将推出的报纸广告设计一个版面，请你运用我们学过的方法让这个版面更加能够表现产品和企业特点，吸引受众的注意，引起他们的共鸣。

【实训目的】

● 了解什么样的版面编排才能吸引受众。

● 了解版面编排设计要与广告产品、受众、竞争者之间密切相关，才能更加引起受众共鸣。

● 能够运用学过的图片、文字和整个版面编排设计的相关知识和原则进行版面设计。

【实训内容】

多渠道了解夏进和金河的产品特点、目标消费者以及竞争者特点，了解版面设计相关知识，设计出金河酸奶广告的版面草图。

实训 5　广告版面设计训练 2

现在，你要为新华百货财院店即将推出的校园海报进行设计，请你运用我们学过的方法让这个海报的版面更加能够表现产品和企业特点，吸引受众的注意，引起他们的共鸣。

【实训目的】

● 了解什么样的版面编排才能吸引受众。

- 了解版面编排设计要与广告产品、受众、竞争者之间密切相关,才能更加引起受众共鸣。
- 能够运用学过的图片、文字和整个版面编排设计的相关知识和原则进行版面设计。

【实训内容】

多渠道了解新华百货财院店的产品特点、目标消费者以及竞争者特点,了解版面设计相关知识,设计出新华百货财院店即将推出的校园海报的版面草图。

妙笔生花——如何写作广告文案

【知识目标】

- 知道什么是广告文案。
- 了解广告文案的作用。
- 了解广告文案的要求。
- 认识广告文案的结构。
- 知道什么是广告标题。
- 知道什么是广告正文。
- 知道什么是广告标语。
- 知道什么是广告随文。

【能力目标】

- 能够鉴别广告文案的优劣。
- 能够欣赏好的广告文案。
- 能够写作广告标题。
- 能够写作广告正文。
- 能够写作广告标语。
- 能够写作广告随文。
- 能够完整地写作广告文案。

【单元概述】

- 广告文案就是文字上的推销术。广告文案的使命是形成购买动机与欲望，建立信任感，引导消费者在众多品牌中找到一定要选择某一品牌的理由。从某种意义上来讲，好的广告文案应该像一把"利器"，能"刺破"消费者的钱袋，因此，好的广告文案拒绝平庸，更忌讳抄袭。
- 文案创作者不仅要有严谨的思维、开阔的知识面、娴熟的写作技巧以及能驾驭多种语言风格的能力，还需要有丰富的想象力和创造精神。
- 广告文案包括广告标题、正文、标语、随文 4 个部分。

【实践步骤】

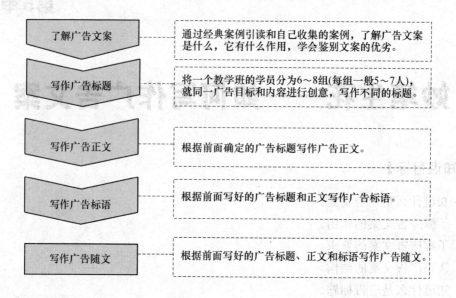

了解广告文案	通过经典案例引读和自己收集的案例，了解广告文案是什么，它有什么作用，学会鉴别文案的优劣。
写作广告标题	将一个教学班的学员分为6~8组(每组一般5~7人)，就同一广告目标和内容进行创意，写作不同的标题。
写作广告正文	根据前面确定的广告标题写作广告正文。
写作广告标语	根据前面写好的广告标题和正文写作广告标语。
写作广告随文	根据前面写好的广告标题、正文和标语写作广告随文。

【要点提示】

- 标题——集中展现创意的阵地
- 正文——创意的深度延续
- 标语——品牌标志性符号和销售承诺
- 随文——最后的推动

任务1　了解广告文案

【任务描述】

让我们一起了解广告文案，了解大卫·奥格威其人，了解优秀广告文案是什么样的，学会鉴别广告文案的优劣。

大卫·奥格威为劳斯莱斯汽车所写的广告文案

"这部新型的劳斯莱斯汽车在以每小时 60 英里的速度行驶时，最大声响来自它的电子钟。"

是什么原因使得劳斯莱斯成为世界上最好的车子？一位知名的劳斯莱斯工程师回答道："根本没什么真正的戏法——只不过是耐心地注意到细节而已。"

1. 行车技术主编报告："在以每小时 60 英里的速度行驶时，最大声响来自它的电子钟。"引擎是出奇的寂静。3 个消音装置把声音的频率在听觉上拨掉了。

2. 每个劳斯莱斯的引擎在安装前都先以最大气门开足 7 小时，而且每辆车子都在各种不同的路面上试车数百英里。

3. 劳斯莱斯是为车主自己驾驶而设计的，它比国内制造的最大型车小 18 英寸。

4. 本车有机动方向盘、机车刹车及自动排挡，极易驾驶与停车，无需雇用司机。

5. 除驾驶速度计以外，在车身与车盘之间没有金属衔接，整个车身都是封闭绝缘的。

6. 完成的车子最后要在测验室里经过一个星期的精密调试。在这里分别要受到 98 种严酷的考验。例如，工程师们用听诊器来细听轮轴所发出的微弱声音。

7. 劳斯莱斯保用三年。从东岸到西岸都有经销网及零件站，在服务上不会再有任何麻烦了。

8. 著名的劳斯莱斯引擎冷却器，除了亨利·莱斯在 1933 年把红色姓名的首写字母 R 改成黑色以外，再也没有变动过。

9. 汽车车身在全部 14 层油漆完成之前，先涂 5 层底漆，每次都用人工磨光。

10. 使用方向盘柱上的开关，就能够调节减震器以适应路面的情况。(驾驶不觉疲劳，是该车的显著特点。)

11. 另有后窗除霜开关，它控制着 1360 条隐布在玻璃中的热线网。此外，还备有两套通风系统，即使你坐在车内关闭所有的门窗，也可调节空气以求舒适。

12. 座位的垫面是用 8 张英国牛皮制成的，这些牛皮足可制作 128 双软皮鞋。

13. 镶贴胡桃木的野餐桌可从仪器板下拉出，另外两个可从前座的后面旋转出来。

14. 你还可以有以下随意的选择：煮咖啡的机械、电话自动记录器、床、冷热水盥洗器、一只电动刮胡刀。

15. 你只要压一下驾驶座下的橡板，就能使整个车盘加上润滑油。在仪器板上的计量器，可指示出曲轴箱中机油的存量。

16. 耗油量极低，因而不需要买特价油，这是一部令人十分愉悦的经济车。

17. 具有两种不同于传统的机动刹车，即水力制动器与机械制动器。劳斯莱斯是非常安全的汽车，也是十分灵活的车子。它可在时速 85 英里时安静地行驶；最高时速则可超过 100 英里。

18. 劳斯莱斯的工程师们定期访问汽车的车主，替他们检修车子，并在服务时提出忠告。

19. 班特利也是劳斯莱斯公司所制造的。除了引擎冷却器之外，两车完全一样，是同一个工厂中的同一群工程师所设计制造的。但班特利的引擎冷却器较为简单，所以要便宜 300 美元。对于驾驶劳斯莱斯感觉信心不太足的人士，可以考虑买一辆班特利。

价格：如广告画面所示的车子(图 5-1)，若在主要港口交货，售价是 13 550 美元。

倘若你想得到驾驶劳斯莱斯的愉快经验，请与我们的经销商联系。他的名字写在本页的底端。

劳斯莱斯公司　纽约　洛克斐勒广场 10 号

案例来源：《广告创意策略——专题六》，作者吴柏林

图 5-1　劳斯莱斯汽车广告

图片来源：世设图库网(www.68tuku.com)

【请你想一想】

请同学们以团队为单位，利用互联网、图书馆藏书、找专业人士打听等多种形式了解著名广告人大卫·奥格威。

你认为什么是广告文案？

指出这则广告文案中哪是广告标题、哪是广告正文、哪是广告标语、哪是广告随文。

说说自己对这则汽车广告文案的看法，半个世纪过去了，它还显得那么优秀吗？它有哪些值得我们借鉴之处？又有哪些在你看来比较欠缺之处？在你看来，优秀的广告文案是怎样的？

你知道这则广告文案大约发表于什么时候？在当时曾经为劳斯莱斯汽车推广和销售起到了哪些方面的作用？一则广告文案在广告中应该起什么作用？

【让我告诉你】

- 广告文案是指广告作品中的语言和文字部分。
- 不同媒介的广告文案有不同的结构，但一般的广告文案结构中都有一些共同的成分，这些成分包括标题、正文、标语、随文。
- 标题，用来吸引消费者、反映广告的主题，是区分不同广告的标志。
- 正文指广告文案的中心部分，即除标题、标语、随文以外的说明文字，是针对广告主题集中、细致的说明。

- 标语，又称广告语、口号，是主题的艺术化、口语化。
- 随文，是正文之后必要的说明，通常说明联系方式等。
- 对广告文案创作的基本要求是准确规范、点明主题；简明精炼、言简意赅；生动形象、表明创意；动听流畅、上口易记。

一、什么是广告文案

"广告文案"一词来源于英文 advertising copy。从历史上沿袭的共识以及广告理论研究与实务操作的具体情况来看，广告界(尤其是国外广告界)趋向于这样定义广告文案：广告文案是指广告作品中的语言和文字部分。

从某种意义上讲，好的广告文案应该像一把"利器"，能"刺破"消费者的钱袋，因此，好的广告文案拒绝平庸，更忌讳抄袭。香港著名广告人纪文凤曾经这样概括："广告文案就是文字上的推销术"。而文案创作者不仅要有严谨的思维、开阔的知识面、娴熟的写作技巧以及能驾驭多种语言风格和问题的能力，还需要有丰富的想象力和创造精神。

二、一则广告文案通常包括的内容

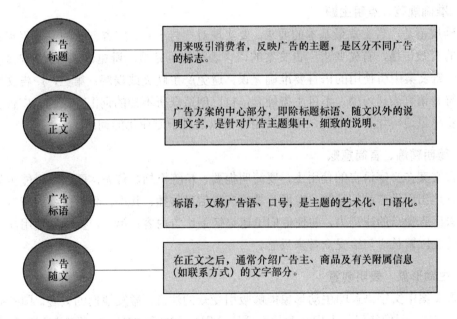

广告标题	用来吸引消费者，反映广告的主题，是区分不同广告的标志。
广告正文	广告方案的中心部分，即除标题标语、随文以外的说明文字，是针对广告主题集中、细致的说明。
广告标语	标语，又称广告语、口号，是主题的艺术化、口语化。
广告随文	在正文之后，通常介绍广告主、商品及有关附属信息(如联系方式)的文字部分。

三、优秀的广告文案应有的作用

1. 引起注意

广告文案不同于文学作品，文学作品是人们出于爱好或特殊目的自愿花时间去欣赏阅读的，而广告文案则不同，受众一般不愿花费精力自动去收听、收看。因此，广告文案必须具有特殊感化力，能在瞬间引起读者的关注，而且能吸引人从头读到尾(或从头听到尾)。

2. 刺激需求

广告文案不但要告知人们有关商品、劳务和企业的经济信息；更重要的是通过信息的传播，引起消费者的购买兴趣，诱发购买欲望。因此，广告文案不仅要使消费者读后或听后有正确的理解，而且要适应消费者的心理特点，刺激其心理需求。

3．加强记忆

广告促销与人员促销不同。人员促销往往是在购买现场当场拍板成交；广告促销则是起提示和潜移默化的作用，消费者在接受广告以后，由于时间与空间的条件，可能在几天、几星期、几个月后，才凭形成的商品印象去购买。因此，广告文案应能使消费者确立信念、维持印象、保持记忆，而不是浮光掠影、过目即忘。

4．促成购买

广告的最终目的是促成消费者购买广告商品和劳务。购买的类型既包括现实购买，也包括潜在购买，既包括首次购买，也包括重复购买。不管是推动消费者哪种类型的购买，广告文案都要有强烈的号召力，能促使消费者购买行为的实现。

四、广告文案的写作要求

1．准确规范、点明主题

准确规范是广告文案最基本的要求。要实现对广告主题、广告创意的有效表现和对广告信息的有效传播，首先要求广告文案的语言表达规范完整，避免语法错误或表达残缺；其次，广告文案中所使用的语言要准确无误，避免产生歧义或误解；第三，广告文案中的语言要符合语言表达习惯，不可生搬硬套，自己创造众所不知的词汇；第四，广告文案中的语言要尽量通俗化、大众化，避免使用冷僻以及过于专业化的词语。

2．简明精炼、言简意赅

广告文案在文字语言的使用上，要简明扼要、精练概括。首先，要以尽可能少的语言和文字表达出广告产品的精髓，实现有效的广告信息传播；其次，简明精练的广告文案有助于吸引广告受众的注意力，并使他们迅速记忆下广告内容；第三，要尽量使用简短的句子，以避免因繁长语句给受众带来反感。

3．生动形象、表明创意

广告文案中文字语言的生动形象能够吸引受众的注意，激发他们的兴趣。国外研究资料表明：文字、图像能引起人们注意的百分比分别是 22% 和 78%；能够唤起记忆的文字是65%，图像是 35%。这就要求广告作品在注重文字语言生动活泼、新颖独特的同时，应辅以一定的图像来配合。

4．动听流畅、上口易记

广告文案是广告的整体构思，对于其中诉之于听觉的广告语言，要注意优美、流畅和动听，使其易识别、易记忆和易传播，从而突出广告定位，很好地表现广告主题和广告创意，产生良好的广告效果。同时，也要避免因过分追求语言和音韵美，而忽视广告主题。

【一起做一做】

实训　评价一则广告文案

楼盘广告文案

系列一

标题：回家路上，华灯开放

内文：生来就在这里。习惯了各式各样的店铺与商场；习惯了车水马龙、人流不断；习惯了城市每天都在变得更好；习惯了越来越多的人看好这里；习惯了城市里的繁华；习惯了，回家，一路华灯开放。华辰·星光名庭，占据城市繁华中心，让城市取悦你的生活！

系列二

标题：决定留在这个城市

内文：是时候选择留下来了。在很久的漂泊与疲惫之后，开始欣赏这里的繁华生活与活力；欣赏熟悉的生意伙伴与生活氛围；欣赏这里每天的进步、每天的完善；欣赏这个城市的质朴、勤劳与和善；欣赏，所以，选择华辰·星光名庭，选择不再犹豫。华辰·星光名庭，占据城市繁华中心，让城市取悦你的生活！

系列三

标题：从这里走向未来

内文：总在城市里为了理想拼搏。相信鳞次栉比的商铺里流动着机会；相信繁华的城市生活更适合我的发展；相信现代城市生活将让我学到更多、享受到更多；相信我的人生会跟这片土地一起升值；相信我在这里，努力，会走向更美好的未来。华辰·星光名庭，占据城市繁华中心，让城市取悦你的生活！

系列四

标题：无限城市生活

内文：城市比想象更缤纷。眼睛沉醉于霓虹闪烁、衣着光鲜，沉醉于城市每天的多姿多彩；耳朵习惯了笙歌绕耳、人声喧笑；身体迷恋着各个欢乐场景的更替，迷恋着一路的繁华；思想执著地渴求生命的更加丰富，渴求，能将华彩归于己有。华辰·星光名庭，占据城市繁华中心，让城市取悦你的生活！

标语：北园成熟城市生活区高层住宅，享受城市文明滋养

案例来源：品牌俱乐部(http://sanlong.sabd.com)

【问题】

● 这则广告文案是否符合广告文案的写作要求？
● 你从中受到什么启发？

【实训目的】

- 初步掌握广告文案的基本要求。
- 学会鉴赏不同的广告文案并从中受到启发。

【实训内容】

进行案例分析，即在通读案例的基础上，了解案例的特点和表现方法。

任务2 写作广告文案的标题

【任务描述】

今天我们要来为广告主写作广告文案标题。下面是可口可乐100年间的广告标题，请大家参考。

可口可乐100年间的广告标题

1886 年	提神味美的新饮料
1889 年	味美爽口，醒脑提神
1890 年	可口可乐——令你精神爽朗，回味无穷！
1907 年	可口可乐，南方的圣水
1923 年	令人精神爽朗的时刻
	遍及每个角落
	使炎热的天气变得凉爽
	四季都会口渴
1925 年	一天喝 6000000 瓶
1929 年	要想提神请留步
1936 年	喝新鲜饮料、干新鲜事儿
1944 年	可口可乐，全球性的符号
1953 年	恢复您的精神
	好味道的标志
	真正清凉的饮品
60 年代	享受可口可乐
70 年代	心旷神怡，万事如意，请喝可口可乐
	喝一口可口可乐，就会有了微笑
80 年代	微笑的可口可乐
90 年代	如此感觉无与伦比
	挡不住的感觉
21 世纪	要爽由自己

案例来源：3edu 教育网(www.3edu.com)"广告口号写作时要把握时空"一文

【请你想一想】

利用互联网、图书馆藏书、找专业人士打听等多种形式了解可口可乐。看看可口可乐广告标题在一百年间都发生了哪些变化？为什么会发生这些变化？

你们认为可口可乐这些广告标题在广告中起了什么作用？那么，对于广告文案来说，标题能起哪些作用呢？

说说你看到的可口可乐广告标题都有哪些类型，新闻式的、设问式的、……还有哪些类型是你知道的？它们各有什么好处呢？

说说你看到的可口可乐广告标题都有哪些诉求方式，直接的、间接的，或者还有哪些其他种类。它们各有什么好处呢？

请同学们以团队为单位，用 10 分钟时间，分别为新华百货连锁超市财院店写作母亲节、端午节、父亲节或教师节、国庆节、圣诞节(视教学进度而定)广告文案的标题。

【让我告诉你】

- 广告标题就是广告的题目。
- 广告标题可以提示广告主题、帮助消费者尽快掌握广告的中心思想、引起消费者兴趣、活泼美化版面。
- 直接标题和间接标题是常见的两种诉求方式。

一、什么是广告标题

广告标题就是广告的题目，是用简短的词句概括和提示广告的内容、宗旨。它明确了广告的主旨，又是区分不同广告的标志。

二、广告标题有哪些作用

- 提示广告主题。
- 帮助消费者尽快掌握广告的中心思想。
- 引起消费者兴趣，加深印象。
- 活泼美化版面。

广告标题通常放在广告之首，是大多数平面广告最重要的部分，它是决定读者是否读正文的关键所在。正如人们经常说的："题好文一半，题高文则深"。

大卫·奥格威的研究表明："读标题的人平均为读正文的人的 5 倍。换句话说，标题代表着为一则广告所花费用的 80%"。若是你没有在标题里写点什么有推销力的东西，你就浪费了你客户所花费用的 80%。

三、广告标题的类型

- 新闻式标题：这种广告标题类似于新闻稿件，以告知公众时效性信息为主要内容。
- 利益式标题：这种标题直截了当地指出商品的特点和能给消费者带来的利益。

- **悬念式标题**：在标题中设置悬念，容易引起人们的注意，并产生兴趣。
- **设问式标题**：它是一种通过提问和回答的方式来吸引受众注意力的表现形式。
- **幽默式标题**：通过幽默式的语言与受众的幽默感产生共鸣，激发受众的兴趣。
- **抒情式标题**：在广告标题选用上，突出情感交流沟通，从而对受众产生较大的影响。

上述 6 种类型的广告标题示例

如 "现在波多黎各对新工业提供百分之百的免税" ——波多黎各政府广告

如 "哇！小痘痘不见了！" ——珊拉那青春修复露广告

如 "几天后将出现一颗什么星" ——反斗星广告

如 "今年过节送什么？要送就送×××！" ——某保健品

如 "忍无可忍" ——某止痒丸；"不打不相识" ——某打字机

如 "身在雷诺，日行千里仍不失法国人独有的浪漫胸怀。" ——法国雷诺(RENAULT)汽车

具体的广告文案标题种类还很多，如：建议式标题、炫耀式标题、标语式标题、号召式标题等等。不管采用哪种标题，只要是能够巧妙引起正文或对广告正文进行高度概括，帮助受众理解广告内容，就属于成功的广告标题。

四、广告标题的诉求方式

1. 直接标题

是指用直截了当的手法向广告接受者揭示广告主题思想的广告标题。所以有人称直接标题是 "一语道破天机"。这类标题开门见山，无须转弯抹角，在写作中往往以商标、商品或企业名称作标题命名。

直接标题举例

最直奔主题的：

志高空调——空调广告标题

厦华彩电——彩电广告标题

福达彩色胶卷——胶卷广告标题

稍加艺术修饰的：

好空调，格力造——空调广告标题

饮冰室茶集！——统一饮料广告标题

直接标题的优点是创作简单省事，能快捷地传达广告信息，很受工作繁忙、性格急躁、不善于联想或没心情欣赏广告的受众欢迎。它能使广告受众节约消化广告信息的时间，并且不太可能引起误解；但也有可能呆板乏味、缺少特色。如果不是知名度高的产品或企业，

这类标题对品牌的宣传很难引起人们的注意。因此,应将直接性标题赋予形象化和充满生活情趣的内容,用艺术的语言来增强感染力和吸引力。

2. 间接标题

是用隐含的手法向广告接受者揭示广告主题思想的广告标题。所以有人称间接广告标题是"醉翁之意不在酒"。间接标题同直接标题不同,在标题中不直接点明广告主题,而是用耐人寻味的语句诱导读者去阅读正文。这类标题往往要同广告正文以及图像等联系起来,才能回味出整个广告的意图。

间接标题多采用比喻、惯常用语或富有哲理性的语言。其优点是生动、活泼,富有趣味性;但要注意不可过分生僻或费解,应以通俗易懂为好。

间接标题表现手法多姿多采,比直接标题更具有哲理性和感染力。

间接标题举例

它能粘合住一切,除了一颗破碎的心。——粘合剂广告标题

请司机注意,本城一无医生,二无医院,三无药品。——交通广告标题

"闲"妻良母——洗衣机广告标题

臭名远扬,香飘万里——臭豆腐广告标题

任重道远,阔步前进!——鞋子广告标题

淡装浓抹总相宜——涂料广告标题

福气多多,满意多多——福满多方便面广告标题

优雅态度,真我个性——浪琴表广告标题

3. 复合标题

整个标题由引题、正题、副题三部分组成,也可由引题与正题或正题与副题两部分组成。引题在前烘托气氛、吸引顾客,并引出广告信息的主体——正题;副题在正题后面对正题进行补充,主要是对产品的性能、功效、作用作具体说明。复合性标题适用于内容较多、较复杂的广告文案,标题内容由简至详、由浅到深,揭示出广告信息。

复合标题举例

引题:美丽离不开水和肥皂

正题:蜂花液体香皂

副题:使你头发根根柔软

令你肌肤寸寸滑嫩

上述引题说明水和肥皂对人体美丽的重要作用;正题突出信息主体——蜂花液体香皂;副题进一步说明产品的特点与功效,以消费者使用产品后的感受来吸引消费者,给人们一种美好的联想,有力地衬托和丰满了主题。

在历史上，系统地阐述广告标题写作原则的人要推大卫·奥格威。他会为同一广告写下不少于 16 个的标题，从中确定最佳者。他的标题写作原则具体包括以下 10 个方面。

大卫·奥格威的广告标题写作原则

1. 标题好比商品价码标签，要用标题向消费者打招呼，并以此抓住消费者的目光。若你卖的是彩色电视机，那么在标题里就要用上彩色电视机的字样，这就可以抓住希望买彩色电视机的人的目光；若是你想要做母亲的人读你的广告，那在你的标题里要用母亲这个字眼。不要在你的标题里说那种会排斥你的潜在顾客的话。

2. 每个标题都应带出产品给潜在买主利益的承诺。这种承诺明显有益于消费者。

3. 始终注意在标题中加进新的讯息。因为消费者总是在寻找新产品或者老产品的新用法、新改进。

4. 在广告标题中使用会产生良好产果的字眼。"如何、突然、当今、就在此地、最新到货、重大发展、改进、惊人、轰动一时、了不起、划时代、令人叹为观止、奇迹、魔力、奉献、快捷、简易、需求、挑战、奉劝、实情、比较、廉价、从速、最后机会"等等都是能起到良好作用的字眼。在标题中加进一些充满感情的字就可以起到增强说服力的作用。

5. 读广告标题的人是读广告正文的 5 倍。因此，至少应该告诉这些浏览者，广告宣传的是什么品牌。标题中总是应该写进品牌名称的原因就在这里。

6. 在标题结尾前加上诱人继续读下去的东西。

7. 不要写一些故意卖弄的标题，如双关语、引经据典或者晦涩的词句。

8. 在标题中避免用否定词。

9. 避免使用有字无实的瞎标题。

案例来源：个人图书馆网(www.360doc.com)

在上述广告标题写作原则中，大卫·奥格威就广告标题的写作内容、常用词汇、写作形式等方面进行了原则界定。在广告标题的写作中，文案人员可以将之作为一个重要的参照体系，对广告标题的写作进行规范。

但是，大卫·奥格威的广告标题写作原则，只是在他所面临的语言环境和受众环境之中得出的结论，在广告标题的写作中，可参考他的原则但不能一味照搬。因为我们的广告文案写作基本上运用汉语，在汉语的特殊传播体系和传播环境中，如何运用特定语言风格进行适合性、针对性的写作，才是重要问题。而且在具体写作中，反其道而行居然大获成功的例子也比比皆是。因此，要以流动的、发展的、针对性的观点来看待和运用大卫·奥格威的广告标题写作原则。

五、广告标题写作的自我检测

广告标题写作的自我检测见表 5-1 所示。

表 5-1 广告标题写作检测表

1. 是否体现了广告主题?
2. 是否表现了商品的消费者利益和销售承诺?
3. 是否运用了诱发受众好奇的表现形式?
4. 有没有诱人继续往下阅读的因素在内?
5. 语言是否简洁易懂?
6. 形式是否简明而有趣味?
7. 如果是长句子,广告受众能轻松地明白句子的意思吗?
8. 如果运用了否定词,在体现你的风格和创新的同时,受众能产生认同理解吗?
9. 是否运用了品牌名称?运用它对广告的效果是否能产生正向的作用?
10. 是否使用了新颖的、有感召力的词汇?

案例来源:《广告文案写作网络课程》(www.cmic.zju.edu.cn)

【一起做一做】

实训 1 广告标题鉴赏训练

观察图 5-2 所示的两个广告文案及其标题

文案一 引题:万科城市花园告诉您——

正题:不要把所有的鸡蛋放在同一个篮子里

副题:购买富有增值潜力的物业,您明智而深远的选择

文案二 引题:万科城市花园提醒投资者——

正题:煮熟的鸡蛋不怕摔

图 5-2 两则万科城市花园广告

案例来源:《广告文案写作网络课程》(www.cmic.zju.edu.cn)

【问题】

1. 你认为这两则广告文案的标题采用了何种诉求方式？
2. 你从中受到什么启发？

【实训目的】

- 初步掌握广告标题的基本写作手法。
- 学会鉴赏不同的广告文案标题并从中受到启发。

【实训内容】

进行案例分析，即在通读案例的基础上，了解广告标题的特点和诉求方式。

实训 2　广告文案标题写作训练 1

"金河酸奶"即将推出一款为儿童成长提供帮助的新品，请为它写作报纸广告文案的标题。

【实训目的】

能够写作广告文案标题。

【实训内容】

- 任务分析，即了解企业的要求。
- 案例调查，通过各种渠道收集、整理同类产品广告文案资料，认真分析该类产品文案写作的特点，比较各种成功或失败的案例。
- 构思文案。以团队为单位，每一团队写出 2 种不同风格的文案标题，多方征求意见，并进行修改，最终确定一个最能体现产品风格、特色、档次、用途和意境的文案标题。

实训 3　广告文案标题写作训练 2

新华百货连锁超市财院店即将于母亲节开展一次促销活动，请你为这次活动写作报纸广告文案标题。

【实训目的】

能够写作广告文案标题

【实训内容】

- 任务分析，即了解企业的要求。
- 案例调查，通过各种渠道收集、整理同类产品文案资料，认真分析该类产品文案写作的特点，比较各种成功或失败的案例。
- 构思文案。以团队为单位，每一团队写出 2 种不同风格的文案标题，多方征求意见，并进行修改，最终确定一个最能体现产品风格、特色、档次、用途和意境的文案标题。

任务 3　写作广告文案的正文

【任务描述】

你已经学会了写作广告文案的标题部分，今天我们要来为广告主写作广告文案正文。

让我们先观察北京晚报广告(图 5-3)。

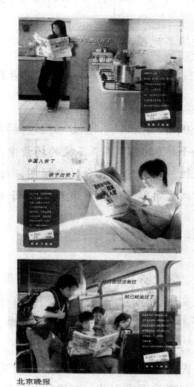

北京晚报

图 5-3　北京晚报广告

画面 1

广告标题：APEC 会议开了，锅也开了

广告正文：他喜欢什么汤？美式的、俄式的、日式的、泰式的，还是最美味的家常式的？反正一切由我决定。现在他的朋友已经来了，但汤好像还要多煮一会儿，谁让新面的味道比汤来得早。

广告标语：北京晚报，晚报不晚报。

画面 2

广告标题：中国入世了，孩子出世了

广告正文：从几天前就默默想着，这一天会是什么样子，全家人都紧张兮兮的，只有我睡得最平静。她的到来与其说惊喜，不如说自然，就像现在，我和我怀里的小东西，在一个被阳光逗笑的下午。

广告标语：北京晚报，晚报不晚报。

画面 3

广告标题：新一轮打击还没有过，站已经坐过了广告正文：车是公共的，选择是私人的；空气是公共的，呼吸是私人的；新闻是公共的，眼光是私人的。分享是每一个人的权利。回家的路上，我在公共场所享受着私人的乐趣。

广告标语：北京晚报，晚报不晚报。

文字来源：铭万网(www.b2b.cn)；图片来源：中国广告网(mov.cnad.com)

评析

北京晚报系列广告延续并巩固"晚报，不晚报"的独特的品牌价值，从老百姓煮汤时、即将生孩子时和回家坐车时还手捧《北京晚报》不放的场景中，以人物自述主要强调了《北京晚报》新闻的快捷性和可读性。与文案相配合的三幅图，将北京人的生活小事与 APEC 会议、入世和反恐怖行动等新闻大事联系起来，表现读者阅读《北京晚报》的忘情。

【请你想一想】

事先请每一团队从互联网、学校图书馆藏书、业内人士那儿找到 3 个不同形式的广告正文，看看你所找到的广告正文跟这三则广告的正文相比有什么优点和缺点呢？

看看北京晚报的这几种版本的广告文案,再回头看看本单元开始的劳斯莱斯广告文案和你收集的广告文案，说说广告正文有什么作用？

你认为什么是广告正文？说说如何才能写出好的广告正文？

说说你看到的广告正文都有哪些诉求方式，直接的、间接的，或着还有其他种类？各有什么好处呢？

【让我告诉你】

- 广告正文是广告文案中最主要的说明文字。
- 想写好广告正文，要做到知己知彼。

知己：围绕广告商品的内容、名称、规格、性能、价格、质量、特点、功效和销售地址等进行符合客观事实的构思，加大说服性和情感性。

知彼：掌握和洞悉消费者心理需求，了解市场态势，以重点突出、简明易懂、生动有趣、具有号召力的语言进行传播。

一、广告正文的含义和作用

广告正文是广告文案中最主要的说明文字。广告的目标和内容主要是通过广告正文去传递的，它起着介绍商品、树立印象和推动购买的作用，因而广告正文可以说是广告文案中最重要的组成部分。

二、广告正文的结构

广告正文从文字结构看，一般分为三部分。

1. 开端(或称导语、前言、引言)

在标题和正文之间起承上启下的作用,既能衔接标题,又能为后面文字的展开而铺垫。开头的心理作用是使人产生兴趣,常用以下几种。

一是概括式。概括说明性能、质量等特性。如 "别人有的我都有,别人没有的我也有……(桑普空调)"。

二是提问式。如 "您想去北京游览吗?"、"个子长不高怎么办?"

三是声明式。如"我们的服务每天都创新,业务愈多样,服务愈多样……"。

四是陈述式。如"经人事部全国人才流动中心批准,唐山市高新技术开发区和高新技术企业面向全国招聘新材料、微电子、机电一体化、生物医学工程等专业技术人员……"。

五是奇特式。如"空气在颤抖,仿佛天空在燃烧……(怡宝纯净水)"。

其他开头方式还有祝谢式、描写式、承题式、介绍式、对话式、悬念式等,暂不一一列举。

2. 中间(中心段)

整个广告文案正文的最重要部分,其任务是根据广告的意图来阐述商品的状况、品质、优点和利益。应紧扣主题,精选事实,点面结合,层次分明。中间最好是规范的说明,多用证据,一般来说要言简意赅。但是,长的正文往往也能产生好的效果。美国广告有长达6450 个字的;Schlitz 啤酒广告长达 5 页,效果相当不错;据说,800 字的壳牌石油公司广告,男性读者中有 20%的人认真读完。中间常用以下方式:

一是时序式。按照时间顺序从前到后地写。

二是主次式。先主后次,主次结合。

三是逻辑式。按照信息的特性分成几个方面来写。

四是文学式。采用各种各样的文学手法。

3. 结尾

催促消费者产生购买行动简短而有力的话语。

结尾的心理作用是催促消费者采取行动,不宜长,要有力。常用以下方式:

一是祈使式。如:"数量有限,欲租从速"、"竭诚欢迎"。

二是许诺式。如"每天前 20 名顾客均有礼品赠送"。

三是利益式。如"常用夏士莲,常保娇艳"。

四是树立形象式。如"彩电当然是 Panasonnic"。

五是归纳式。如"维护全家人的身体健康,无论居家外出,吃喝旅游,香港保济丸随时用得着!"

六是设问式。如"此生不游阳朔和桂林,岂不是枉来人间一场吗?"

此外,还有抒情式、展望式、祝谢式、服务式、描摹式等。

三、AIDA 法则

广告正文的写作法则,广告学专著和教材提出了不少, 其中 Aida 法则——有些教材称为"爱达公式",比较符合消费者心理接受过程,目前普遍采用这个法则来指导正文的写作。其影响消费者心理接受过程的模式如下。

- 标题:使消费者产生注意(Attention)。
- 正文开头:使消费者产生兴趣(Interest),因此应当采用艺术手法,力求奇特新颖。
- 正文中间:使消费者产生确信和欲望(Desire),因此应当客观、真实地说明,多用证据,少用艺术手法;只要能产生确信和欲望的心理作用,完全可以不厌其烦,最好写得长一些,读不下去也不要紧。
- 正文结尾:使消费者产生购买行动(Action),因此要采用号召、刺激的办法,简短有力。

四、如何写出优秀的广告正文

1. 陈述清楚具体的内容

广告正文须清晰地表明广告的诉求对象和诉求内容,向受众提供完整而具体的广告信息。大卫·奥格威称为"不要旁敲侧击,要直截了当"。

> 好的产品还要有完善及时的售后服务,春兰不仅追求品质卓越、品格出众,售后服务同样力争尽善尽美。所以,我们不仅免费安装、免费测试、主机保修一年;而且,我们遍布全国的 800 多个服务中心,43 个售后服务管理中心,近万人的安装、测试、维修队伍是您信心的保证,只要您接通春兰 24 小时无忧热线电话,我们就会在您约定的时间内上门提供满意的服务。百步之内必有春兰。
>
> 如果您有什么要求,请立即致电我们,这是对我们最大的帮助。
>
> ——"春兰的终身服务"广告正文

这则广告以平实的语言,直接陈述了春兰空调的服务意识和承诺;通过量化数据,有力地说明了其服务项目多、范围广、人员专业的特点,而且切中了消费者选择产品的一个重要标准——能否提供完善的售后服务。

2. 采用通俗易懂的语言构思文句

除非特殊情况,否则在广告正文中一般不使用过于严肃、庄重的语辞和文句。

> 你拍一,我拍一,小霸王出了学习机
>
> 你拍二,我拍二,学习游戏在一块儿
>
> 你拍三,我拍三,学习起来很简单
>
> 你拍四,我拍四,保你三天会打字
>
> 你拍五,我拍五,为了将来打基础
>
> 你拍六,我拍六,小霸王出了 486
>
> 你拍七,我拍七,新一代的学习机

你拍八，我拍八，电脑入门顶呱呱

你拍九，我拍九，二十一世纪在招手

——小霸王学习机之拍手歌篇

这则广告的受众以青少年为主，所以选择了拍手歌这种通俗易懂、琅琅上口的表现形式，使受众对学习机的功能定位有了清楚的认识和了解。

3．要以有效的证据和可信的证言支持文案

在广告文案的正文中，出现确切的资料、数据十分必要，也十分有用。如果情况允许的话，出现消费者的现身说法或名人、权威的证言支持，往往会产生良好的效果。

思科1984年成立以后，于1986年推出世界上第一台多协议路由器，并迅速跻身于世界十大电信公司之列。全球电信服务运营商100强中95%都是思科的客户。全球财富500强中89%的企业选择了思科，通过互联网创造更高价值。

——思科公司企业形象广告

五、广告正文的诉求方式

1．直销型

这种类型又叫解释性正文或"为什么型"正文，是由克劳德·霍普金斯在20世纪初首创并推广的。大卫·奥格威在他的广告生涯中始终忠实地采用直销式，即在广告正文中最大程度地告知受众广告主题和广告商品信息。如他为劳斯莱斯汽车所写的文案(见本单元案例引读)即为一典型的直销式广告正文。

在这则广告文案中，大卫·奥格威用尽可能详细而实在的语言对广告产品进行了全方位揭示，给受众以更多的信息。因为在当时，劳斯莱斯汽车是上层社会消费的、标价为13 550美元的高档商品，不是几句话就能打发得了的。大卫·奥格威对劳斯莱斯汽车的广告文案最引以为自豪，时至今天来评估，仍为杰出的广告文案之一。

2．故事型

在广告正文中通过故事情节的发展来吸引消费者。有的采用对话形式讲述一个故事，有的采用连环画形式描述一个故事。故事型广告正文能够以故事情节来揭示广告主题，传播广告产品的属性、功能和价值等，创造出一种轻松的信息传播与接受氛围。此类广告的吸引力和记忆度较强。

她在找一个人(上)

那天在火车上，我孩子发高烧，他爸爸又不在，我一个女人家，真急得不知怎么办才好。多亏列车长帮我广播了一下，虽然车上没找到医生，但还好有一位女同志，给了我一瓶儿童用的百服咛，及时帮孩子退了烧。我光看着孩子乐，就忘了问那位好心女同志的名字和地址，药也忘了还她。你瞧这药，中美合资的产品，没药味，跟水果似的，能退烧

止痛，并且肠胃刺激又小，在我最需要的时候，百服咛保护了我的孩子。

人家帮了这么大的忙，我和孩子他爸都非常感谢她，真希望能再见到她，给她道个谢！

王霞

找到她了！(下)

王霞，听说你在找我，其实给你一瓶药，帮你的孩子退烧，只是一件小事。那天在火车上，我听到广播里说你孩子发高烧又找不到医生，正好包里有一瓶医生给我孩子开的退烧的药——儿童用的百服咛，可以退烧止痛，肠胃刺激小，而且又有水果口味，孩子也乐意吃，所以就拿来给你救急了。那瓶药你就留着用吧，我家里还有，我孩子也常发高烧，家里总备几瓶，在最需要的时候，百服咛可以保护我的孩子。都是做妈妈的，你的心情我很了解。希望你以后带孩子出门，别忘了带施贵宝生产的儿童用百服咛！

——儿童百服宁系列(找人篇)

3. 抒情式

广告正文采用散文、诗歌等形式来完成。这种形式凝练精美，能够表现出真情挚感，给人耳目一新的感受。在 1935 年，李奥·贝纳为明苏尼达流域罐头公司的"绿色巨人"牌豌豆做文案时，为了表现豌豆的新鲜和饱满，制作了一幅连夜收割、包装豌豆的画面，并且在画上设计了一个捧着一只大豆荚的巨人形象。本来标题可以简单地拟作"即时的包装"或"新鲜罐装豌豆"等，但是贝纳却别出新裁地选用了一种浪漫的、诗意的表达方式，以"月光下的收成"为标题，将人们带进一个优美的意境和氛围中。

月光下的收成

无论日间或夜晚，

绿色巨人豌豆都在转瞬间选妥，

风味绝佳……

从产地至装罐不超过三小时。

——"绿色巨人"豌豆广告文案

4. 功效型

这种类型实际上是直销型的分支，它所强调的是广告产品所能够给消费者带来的功效。如北京亚都生物技术公司的新产品 DHA 的广告文案。

蕴藏深海寒带的奥秘　来自北京亚都的神奇

科学奉献亚都 DHA 缓释胶囊

最新一代智力保健品——亚都 DHA，是采用现代生物高技术研制开发的新型保健品，系缓释胶囊型，旨在补充人们大脑发育、智力增长所必需的重要物质。DHA 即二十二碳六烯酸，主要来源于深海鱼类的鱼油，乃是人类脑细胞生长发育必需的结构物质。

"亚都 DHA"不仅是增进胎儿脑细胞发育、提高智力的营养物质，并且还具有增强幼童、青少年和中老年人的思维判断能力、记忆力、反应速度和感觉功能的神奇作用。

亚都DHA——给您聪明的大脑健康的心

——亚都 DHA 广告文案

5. 断言型

在广告正文中，直接阐述自己的观念和希望，以此来影响受众的心理。这种类型的广告正文一般都采用断定式的语句来构筑整个广告文案。以下一则广告文案就充满了哲理，容易引起特定受众的共鸣。

法兰诗顿

男人在过去受到太多的社会观念束缚，被塑造成工具型人格，终其一生大都以刚强进取为工作目标，把努力工作视为人生的唯一成就，仰望成功的颠峰而忽略旅途的美丽。

人生的意义不在旅途，而在旅途中和你同行的人。

——法兰诗顿男装广告文案

6. 幽默型

在广告正文中，借用幽默的笔法和俏皮的语言完整地表达广告主题，使受众在轻松活泼中接受了广告信息，如某眼镜广告——"眼睛是心灵的窗户，为了保护好您的心灵，请在您的窗户安上玻璃吧!"。在马来西亚柔佛州的交通要道上有不少幽默式交通广告，有一则广告文案如下。

阁下:

驾驶汽车时速不超过30英里，您可饱览本地的美丽景色;

超过80英里，欢迎光顾本地设备最新的急救医院;

上了100英里，那么请放心，柔佛州公墓已为你预备了一块挺好的墓地。

——马来西亚柔佛州交通广告

此广告幽默的警告，别出心裁，匠心独具。其中并无星点警告性语辞，也没有片言惩罚的字样，但大凡读过此广告的人都会禁不住拍案叫绝，相信这则交通广告要比我们常见的"超速行驶，罚款××元"的广告更具说服力。

7. 证言型

在广告正文中提供权威人士或者著名人士对商品的鉴定、赞扬、使用和见证等，以达到对消费者告知、诱导和说服的目的。证言型正文中所常用的手法有:专家学者、权威人士和社会名流的证明，权威性的专业机构与专业报刊的评价，各种试验和消费者的调查与推荐。

莱·麦克弗森的选择

现今时代女性的典范莱·麦克弗森，不单是国际超级模特，更是出色的女演员及国际商业奇才。她在多方面成就非凡，全凭聪明智慧的个性、绰约迷人的美态与天赋的吸引力。

无论在任何场合，她都选戴欧米茄，展现成功女士的风采。

莱·麦克弗森说："信任你的选择，信任欧米茄"。

——欧米茄女表杂志广告文案

【一起做一做】

实训1　阅读以下广告文案正文

上帝说，一个星期有七天生活，

巴尔扎克说，生活就是一杯咖啡，

所以，

我们把各自的心情都安排在七个杯子里，

但是，

在绿茵阁，一个星期有八天，

我们可以安排八天心情，

因为，

绿茵阁咖啡，

品味多一天。

八张卡片文案：

第一天

咖啡阶层

寂寞先是颗粒

然后是粉末

心情是一把小勺轻轻转动

一天里的失落在漩涡中慢慢沉淀

浮上的

只有你的愉悦

而沉至杯底的

却是你无限的希望

喝下去，是生活的全部

第二天

最朴素心情

用别样的心情
去搅动相同的泡沫
总是在正午阳光的时候
躲进咖啡店
享受最朴素的片刻温暖
闭上眼睛
仿佛闻到心情的味道

第三天
手指放松术
向往咖啡般自由的性格
每次品味
每次触及温暖
心情穿行于所有的生活之上
快乐传递至手指
一切透亮而放松

第四天
无声的钢琴
听说咖啡是孤独的
但是我不因为
孤独而喝咖啡
只因为喝咖啡的时候
我需要孤独
犹如无声的钢琴
自得其乐

第五天
泡沫圈子
我的圈子里充斥着咖啡泡沫
无一例外地执著着
生活的天马行空
每次用心去搅动泡沫
心都随着碰撞而跳动
我发现
泡沫们都是同声同气

第六天

流动的温暖

咖啡是一种传递

体贴着心态的起伏

每一次转动，迎举和品味

都是一次快乐的完成

是一种温暖

从体外流进体内

快乐体验

第七天

礼拜的高度

圣经说

第七天不需要工作

但是繁忙让我们忤逆了

各自的礼拜

如果说生活是一杯咖啡

那么我希望第七天的咖啡时间

就是从另一种高度醒悟生活

第八天

幸福天台

第八天

是前所未有的心灵终端

通往了望快乐的幸福天台

第八天

是一扇感受月光的门

开启一种前所未有的品味

其实第八天

是一杯咖啡涵盖生活的全部点滴

案例来源："大陆与港台广告比较"一文

【问题】

1. 你认为这则广告文案运用了何种诉求方式？

2. 你从中受到什么启发？

【实训目的】

● 初步掌握广告正文的基本写作手法。

● 学会鉴赏不同的广告文案正文并从中受到启发。

【实训内容】

进行案例分析，即在通读案例的基础上，了解广告正文的特点和诉求方式。

实训 2　广告文案正文训练 1

"金河酸奶"即将推出一款为儿童成长提供帮助的新品，请为它写作报纸广告文案正文。

【实训目的】

能够写作广告文案正文。

【实训内容】

● 任务分析，即了解企业的要求。

● 案例调查，通过各种渠道收集、整理同类产品文案资料，认真分析该类产品文案正文写作的特点，比较各种成功或失败的案例。

● 构思文案。以团队为单位，每一团队写出 2 种不同风格的文案正文，多方征求意见，并进行修改，最终确定一篇最能体现产品风格、特色、档次、用途和意境的文案正文。

实训 3　广告文案正文训练 2

新华百货连锁超市财院店即将于母亲节开展一次促销活动，请你为这次活动写作报纸广告文案正文。

【实训目的】

能够写作广告文案正文。

【实训内容】

● 任务分析，即了解企业的要求。

● 案例调查，通过各种渠道收集、整理同类产品文案资料，认真分析该类产品文案正文写作的特点，比较各种成功或失败的案例。

● 构思文案。以团队为单位，每一团队写出 2 种不同风格的文案正文，多方征求意见，并进行修改，最终确定一篇最能体现产品风格、特色、档次、用途和意境的文案正文。

任务 4　写作广告文案的标语

【任务描述】

你已经学会了写广告文案的标题和正文部分，今天我们要为广告主写作广告文案标语。先阅读下面的广告文案。

Dr.Martens 休闲鞋系列杂志广告文案

（一）

标题：没有什么比这种感觉更好

正文：我单身/我收集沙子/我看弗洛伊德/我穿 Dr.Martens……

标语：自信·固执·永不妥协

（二）

标题：不要告诉我做什么才是对的

正文：我逛二手店/我吃棒棒糖/我看 MBA/我穿 Dr.Martens……

标语：自信·固执·永不妥协

（三）

标题：只有你清楚自己想要什么

正文：我走路/我听 Underground/我喝白开水/我穿 Dr.Martens……

标语：自信·固执·永不妥协

案例来源：广告买卖网(www.admaimai.com)

【请你想一想】

看看 Dr.Martens 休闲鞋系列杂志广告文案，说说广告标语在这则广告中起了什么作用；它和广告标题有什么不同。

说说你看到的广告标语有哪些给你留下了深刻印象，这些广告标语可以分为哪些类型。

你们认为什么是广告标语。

广告标语可以运用哪些修辞手法，要注意什么。

【让我告诉你】

- 广告标语又叫广告口号，是可以反复、长期使用的号召语句。
- 在写作广告标语时，要善用不同的修辞方法，达到让人眼前一亮的效果。

一、广告标语的含义和作用

广告标语又叫广告口号，是为了改变或者强化消费者的观念和行为而反复、长期使用的号召性语句。它的作用在于反复出现在广告中，使消费者加深对企业的经营特点或商品劳务的独特优良个性的理解与记忆，形成强烈的印象。所以，标语的提炼在广告文案写作和广告制作中是最为重要的事情。一句话，标语是广告的心脏。

这里要注意的一点是，广告标语与广告标题都是引人注目的词句，但其作用不同。标题是广告文案的题目，引导消费者注意广告和阅读正文；广告标语是使消费者建立一种观念，用以引导他们选购商品或劳务。一则广告有一个标题，新设计的广告有新的标题，旧的标题便弃之不用；但标语可以固定下来，在相当一段时间内用在各个不同设计的广告上。

二、广告标语的类型

1. 形象建树型

广告标语主要表现和建立的是广告主体的形象。这个形象，可以是企业形象、产品形象、品牌形象、服务形象，其目的是为了建立一个让公众和目标消费者信任、赞赏的形象，为广告主的一系列长期的销售活动作有效的铺垫。如"长虹，以产业报国、民族昌盛为己任"。

2. 观念表现型

不是直接地将企业的心声进行表白，而是通过对某种观念的提出和表达，来表现广告主体中相关企业的观念和看法，表现对一种消费方式和消费观的创造和引导。通过观念的提出和表现来表达企业的胸怀或创造某种消费新时尚，也是广告标语中的一个重要目的。如"穿金猴皮鞋，走金光大道(金猴皮鞋)"；"原来，生活可以更美的"(美的电器)。

3. 优势展示型

许多广告标语都属于优势展示型，主要通过展示广告主体的功能、特点，让消费者用最便捷的方式了解广告主体的优势。对于直接进行产品销售的广告来讲，这是一种很好的煽动性口号。如"100%新感觉"(维佳饮料)。

4. 号召行动型

在广告标语中，主要的诉求内容是向受众发出某种号召，号召他们行动起来，去做某一件事，去进行某种消费行动。这种号召，一般都是采用直接的方式运用祈使句式来进行的。如"请认明 999(药品广告)"，"万里之行，始于足下"(皮鞋广告)，"请接受太阳的恩赐！"(热水器广告)。

5. 情感唤起型

用情感唤起型广告标语，是为了借助受众心目中的人性因素、情感因素，用情感向受众呼唤、宣泄、倾诉，以获得广告受众和目标消费者的情感消费。如"金利来领带，男人的世界！"；"眼睛是灵魂的窗户，为了保护你的灵魂，请给她装上玻璃吧!(眼镜广告)"；"与爱人同行，永久最好！"(永久自行车广告)。

三、广告标语常用修辞手法

只有一句话的广告标语，采用的只能是最基本的艺术手法修辞。广告标语运用了各种各样的修辞手法，以下略举数例。

- 口语法。本来广告语言基本的要求就是口语化，标语更要讲究口语的亲切自然。如"味道好极了!"(雀巢咖啡广告)。

- 排比法。使用 3 个以上相同结构的何子，形成一种气势。如"看新画王，听新画王，用新画王"(电视广告)。
- 夸张法。这种夸张使人产生会心的微笑。如："不老宣言！"；"今年二十，明年十八！"(抗皱霜广告)。
- 谐音法。如"骑 (其)乐无比"(摩托车广告)；"大石化小，小石化了！"(胆结石药品广告)。
- 比喻法。比喻是人们最常用的修辞方法。如"像妈妈的手一样温暖！"(童鞋广告)，"犹如第二皮肤"(牛仔裤广告)，"八月十五的月亮"(松下灯泡)，"把交响乐团带到家里来！"(音响广告)。
- 双关法。一语双关，巧妙自然。如"第一流产品，为足下增光"(鞋油广告)；"头等生意，顶上生涯"(理发店广告)。
- 反问法。如 "我们宝贵的血液，为什么供臭虫果腹？"(杀虫剂广告)。
- 回环法。如"长城电扇，电扇长城"；"万家乐，乐万家"。
- 演化法。对成语、谚语、歌谣、诗词等进行文字改动。如"欲穷千里目，常饮视力健"。

标语还有诚恳式、夸张式、提示式、幽默式、温情式、亲密式、含蓄式、借典法等，暂不一一列举。

好的广告标语就是品牌的眼睛，对于人们理解品牌内涵，建立品牌忠诚都有不同寻常的意义。下面我们来看看这些耳熟能详的世界经典广告标语是如何造就世界级的品牌的。

1. M&M 巧克力：不溶在手，只溶在口

这是著名广告大师伯恩巴克的灵感之作，堪称经典，流传至今。它既反映了 M&M 巧克力糖衣，又暗示 M&M 巧克力口味好，以至于我们不愿意使巧克力在手上停留片刻。

2. 百事可乐：新一代的选择

在与可口可乐的竞争中，百事可乐终于找到突破口，它们从年轻人身上发现市场，把自己定位为新生代的可乐，邀请新生代喜欢的超级歌星作为自己的品牌代言人，终于赢得青年人的青睐。一句广告标语明确地传达了品牌的定位，创造了一个市场。

3. 大众甲壳虫汽车：想想还是小的好

20 世纪 60 年代的美国汽车市场是大型车的天下，大众的甲壳虫刚进入美国时根本就没有市场，伯恩巴克拯救了大众的甲壳虫，提出"think small"的主张，运用广告的力量，改变了美国人的观念，使美国人认识到小型车的优点。从此，大众的小型汽车就稳稳地执美国汽车市场之牛耳，直到日本汽车进入美国市场。

4. 耐克：just do it

耐克通过以"just do it"为主题的系列广告和篮球明星乔丹的明星效应，迅速成为体育用品的第一品牌，而这句广告标语正符合青少年一代的心态：要做就撒，只望与众不同，只要行动起来。然而，随着乔丹的退役，随着"just do it"改为"I dream"(我的梦想)"，

耐克的影响力逐渐势微。

5．诺基亚：科技以人为本

科技以人为本似乎不是诺基亚最早提出的，但它却把这句话的内涵发挥的淋漓尽致。事实证明，诺基亚能够从一个小品牌一跃成为移动电话市场的一线品牌，正是尊崇了这一理念，从产品开发到人才管理，真正体现了以人为本的理念，因为言之有物，口号才显得格外有力。

6．戴比尔斯钻石：钻石恒久远，一颗水流传

经典的广告标语总是丰富内涵和优美语句的结合体，戴比尔斯钻石的这句广告标语不仅道出了钻石的真正价值，而且也从另一个层面把爱的价值提升到足够的高度，使人们很容易把钻石与爱情联系起来。

你还可以通过广告标语写作检测表(见表 5-2)；看看你自己写的广告标语好不好。

表 5-2　广告标语写作检测表

1．是否上口易记，传播中有无语言障碍？
2．是否体现了广告主的企业宗旨、企业理念？这些理念前瞻吗？
3．是否是其品牌意象的"特有语汇"？是否体现了明确的定位？
4．是否表现了企业对消费者的某种关切？
5．是否具有某种情感渗透的因素？
6．是否体现了商品或服务的特征？这个特征是否能给消费者带来实际方便，能使他们产生浓厚兴趣？
7．在各种媒介上进行模拟表现，是否能适应不同的媒介？
8．能否产生某种消费号召力？

资料来源：别放弃网站(www.dontgiveup.cn)"广告文案写作(四)"一文

【一起做一做】

实训 1　广告标语赏析训练

【问题】

● 你喜欢"近 30 年间流行的广告标语"中的哪几个？

● 你从中受到什么启发？

【实训目的】

● 初步掌握广告标语的基本写作手法。

● 学会鉴赏不同的广告文案标语并从中受到启发。

【实训内容】

进行案例分析，即在通读案例的基础上，了解广告标语的特点和表现方法。

实训 2　广告文案标语训练 1

"金河酸奶"即将推出一款为儿童成长提供帮助的新品，请为它写作报纸广告文案

标语。

【实训目的】

能够写作广告文案标语。

【实训内容】

- 任务分析，即了解企业的要求。
- 案例调查，通过各种渠道收集、整理同类产品文案资料，认真分析该类产品文案标语写作的特点，比较各种成功或失败的案例。
- 构思文案。以团队为单位，每一团队写出2种不同风格的文案标语，多方征求意见，并进行修改，最终确定一种最能体现产品风格、特色、档次、用途和意境的文案标语。

实训3　广告文案标语训练2

新华百货连锁超市财院店即将于母亲节开展一次促销活动，请你为这次活动写作报纸广告文案标语。

【实训目的】

能够写作广告文案标语。

【实训内容】

- 任务分析，即了解企业的要求。
- 案例调查，通过各种渠道收集、整理同类产品文案资料，认真分析该类产品文案标语写作的特点，比较各种成功或失败的案例。
- 构思文案。以团队为单位，每一团队写出2种不同风格的文案标语，多方征求意见，并进行修改，最终确定一种最能体现产品风格、特色、档次、用途和意境的文案标语。

任务5　写作广告文案的随文

【任务描述】

你已经学会了怎样去写广告文案的标题、正文和标语部分，今天我们要为广告主写作一篇广告文案随文。让我们先观察一个示例，如图5-4所示。

中国北宋时期"济南刘家工夫针铺"铜版印刷广告，广告文案总共不过44个字，但就结构而言，它已具备了完整的广告文案的基本结构。

广告标题：济南刘家工夫针铺

广告正文：收买上等钢条，造工夫细针，不误宅院使用；客转为贩，别有加饶。请记白。

广告随文：认门前白兔儿为记

案例来源：立式桌面媒体推广机构(www.gishmedia.com)"经典广告文案设计分析"一文

图 5-4　济南刘家工夫针铺广告

图片来源：书摘网(www.gmw.cn)"古代商业广告琐琰"一文

【请你想一想】

比较一下中国最早的广告文案和本单元开始的外国经典广告文案，说说广告随文有什么作用。同样是随文，两个广告文案的表现方式一样吗？

说说你看到的广告随文都有哪些内容。

什么是广告随文？

你们认为广告随文怎么才能写好？随文与广告文案的其他部分是什么关系？能否喧宾夺主？要注意什么？

广告随文有哪些诉求方式？随文用文字好呢，还是用表格好？为什么？你还见过其他随文的表现方式吗？这些方式各有什么优缺点？

【让我告诉你】

- 广告随文是对广告内容作进一步的补充说明。
- 广告随文通常包括企业标识、商品标识、联系方式、权威机构的认证标识或获奖证明资料等。
- 广告随文不能太随意。

一、广告随文的含义和作用

广告随文又称广告附文，是对广告正文内容作的补充说明。具体而言，就是向受众说明和介绍广告主、商品及有关附属信息的文字部分。

例如，假如正文介绍了某企业获得了各种荣誉，那么随文一般都会附上有关获奖证书、证件的复印资料，这样，可增加受众对产品的信赖感。随文可以有几种形式的写法，常见的是跟随正文以纯文字的形式表示(字号一般比正文小，字体通常也会区别于正文)，有的随文前面写有"附"字，有的用一个方格框起来，也有的画成表格形式。一般在完成广告文案其他部分之后，文案人员再着手写作广告随文这一部分。因此，大凡到写作广告随文的时候，他们在心理上可能会自我放松下来，认为可以毫不费力地将广告随文完成了。而实际上，广告随文的写作仍然是一个十分重要的任务，也仍然是一个艰巨的工作。因为广告随文具有补充广告正文的遗漏、直接促进销售行为的实施、加固受众记忆和认知的特殊功能。

二、广告随文的内容

1. 企业标识内容

是广告所宣传的广告主的基本信息，包括企业品牌、名称、标准字、标准色等。在做企业形象广告时，这部分内容必不可少。

2. 商品标识内容

是广告宣传的产品的附加信息，包括商标、商品名称等。这些要素也是广告产品的关键信息，直接关系到产品能否长驻受众心中。

3. 联系方式

向受众提供广告主的联系方法，是随文常见的内容。它包括广告主的地址、电话、传真、网址、手机号、邮政编码、联系人及联系方式等。

4. 权威机构的认证标识或获奖证明资料

如广告主过硬的获奖证明资料(例如在同行业中获得过国内外奖项)、获得过的重要证书(如专利认可证、卫生许可证、国际 ISO 认证等)。其中有些内容或许在正文中已提及过，但随文中如有相关的复印材料，对受众就更有说服力了。

5. 其他

随文内容还可以包括产品的价格、优惠办法、银行账号、回购单、赠券、抽奖办法等。

三、如何写出好的广告随文

写作广告随文时要注意以下几点。

1. 可操作性

广告随文是对广告正文的补充，主要是将在广告正文的完整结构中无法进行表现的有关问题作一个必要的交代。这些必要的有关问题包括特殊的销售信息(如产品在哪里有售、消费奖励是什么内容、销售的时间是从什么时间到什么时间，对产品的背景、特点的有关的交代，需要避免的一些消费问题)和常规性的内容(品牌名称、企业名称、企业或品牌的标志、企业地址……)。这些问题以及对这些问题的补充交代，将直接地为消费者实施消费做实际的指导。因此，这个指导必须具有可操作性。如果失去了这个根本前提，广告随文就是毫无价值的文字了。

2. 语言运用的正确性和现实性

如果在广告文案的其他部分，还可以运用一些形而上的、非实质的、相对模糊的语言的话，那么在广告随文中，就应完全排斥不准确、无现实性的语言。只有准确的、现实性的语言，才能使内容具有可操作性。

3．表现的创意性

由于广告随文具体内容的客观规定性，有的广告文案人员认为广告随文的写作是程式化的，只要将随文的一些内容像填空一样填进去就是了。而实际上，表现的创意性也是广告随文的重要追求。如果舍弃了这一追求，岂不是所有的广告随文都是一个面孔?因此，在具体的写作中，要根据随文传达的信息和广告目标受众、媒介特征，对随文进行有效的创意性表现。为了避免程式化、同一化的倾向，我们可以有重点地将随文的内容作多种形式的表现，如采用表格等形式来进行表现。具体运用哪一种，还要看广告的目的、广告作品的整体构架以及广告随文和广告文案中其他各部分之间的配合。有创意性表现的广告随文，可以为广告作品带来促进消费的实际作用。

四、广告随文的诉求方式

1. 常规式

常规式广告随文是围绕广告目标、广告对象，选择若干项随文内容一一列出。几乎所有的广告文案都离不开随文，因为随文关系到产品与受众能否实现进一步的交流。有些个别广告为了节省费用，文案中只有广告标题和广告随文或只有广告语和广告随文，这种情况在电视广告中存在的较多。一般来说，随文内容涉及到企业或商标名称以及联络方式(广告主的地址、电话等)，而联系方式几乎可以说是必不可少的。

2. 表格式

有时，为了使随文的内容表达得更为清楚、使受众一目了然，并使广告文案显得有所变化，随文的内容可以表格的形式出现。例如，一些单位的广告随文中经常出现"消费者意见表"等，这种随文比较醒目，有利于回收、统计消费者的反馈意见。再如，"碧生源"针对其产品能帮助患者排除体内垃圾的作用，从"人群"、"中度表现"、"重度表现"、"重要原因"4 方面，设计了一张"体内垃圾在肠道过夜常见表现对照表"作为随文的一部分，受众对照该表，一下子就可以检查自己是否有"不良表现"。显然，这张表引导了受众根据自身情况采取相应措施，对"碧生源"的销售起到了较好的推动作用。

3. 附言式

附言式广告随文往往以"特别提醒"、"好消息"、"惊喜"等词语引起，向受众提供与广告内容相关的一些附属信息。例如，某保健品公司的"乳酸钙"的广告随文中有一条"惊喜"："现在购买乳酸钙一瓶，送育儿 VCD 一张，数量有限，欲购从速!"，它通过介绍向受众附送赠品来鼓励消费者积极采取购买行动。写附言式广告随文时要把创意放在首位;否则，人云亦云的附言式广告随文将不能引起受众的兴趣，也不能起到促进受众购买产品的作用。同样是以"好消息"作为附言的，某单位的广告随文就更胜一筹，即"隆重举行寻找 100 名各种减肥方法失败者活动，并郑重承诺：减肥反弹不收钱。"该附言式随文使人读后感到广告主的诚意并让人对产品产生一种信任感。

4. 条签式

条签式广告随文是在广告文案中设计一张简短的条签，以虚线或方格等形式表示，它可以是一张回邮单，也可以是其他内容。条签式广告随文的作用主要是进一步促进受众与广告主进行联系或对广告信息做出相关的反馈，一般以赠品或抽奖的形式来鼓励受众参与。

【一起做一做】

实训 1　随文赏析与写作训练

运用广告文案的结构理论，指出下面广告文案的标题、标语、正文等，并写作随文。

1. 新甲壳虫广告文案

新甲壳虫，过目难忘

当你钟情于一样东西，它是一切，一切是它。

新甲壳虫(NEW BEETLE)，它的出现，将现代工业设计的瓶颈统统打破。它证明，炫目而极富个性的外表与过硬且实用的内在品质，完全能够理想地结合。

当你钟情于这样的一条弧线，它就是光影、是笑脸、是海浪……

合力智慧　创新无限

摘自我的广告网(www.adwode.com)网站

2. 华为 3COM 广告文案

华为 3COM　大江汇流　奔腾入海

华为 3COM，秉承关注客户需求的理念、融合双方资源优势与技术精华、植根中华沃土、放眼广阔世界，继续高标准、高要求地为用户提供全面、创新的产品，以高效、快速的响应能力提供专业化的服务支持，全力为用户创造更高的网络价值。

华为 3COM，永远值得信赖的朋友，伴您奔向更博大的网络海洋。

摘自品牌谷(www.brandgoo.cn)网站

【实训目的】

- 熟悉广告文案的基本结构。
- 初步掌握广告随文的写作方法和技巧。

【实训内容】

- 案例分析，即在通读案例的基础上，了解案例的特点，分析案例的标题、正文、标语的写作方法。

● 写作部分文案，即自己写出随文，要求内容丰富、形式独特。

实训 2 　随文写作训练 1

"金河酸奶"即将推出一款为儿童成长提供帮助的新品，请为它写作报纸广告文案随文。

【实训目的】

能够写作广告文案随文。

【实训内容】

● 任务分析，即了解企业的要求。

● 案例调查，通过各种渠道收集、整理同类产品文案资料，认真分析该类产品文案随文写作的特点，比较各种成功或失败的案例。

● 构思文案。以团队为单位，每一团队写出 2 种不同风格的文案随文，多方征求意见，并进行修改，最终确定一篇最能体现产品风格、特色、档次、用途和意境的文案随文。

实训 3 　随文写作训练 2

新华百货连锁超市财院店即将于母亲节开展一次促销活动，请你为这次活动写作报纸广告文案随文。

【实训目的】

能够写作广告文案随文。

【实训内容】

● 任务分析，即了解企业的要求。

● 案例调查，通过各种渠道收集、整理同类产品文案资料，认真分析该类产品文案随文写作的特点，比较各种成功或失败的案例。

● 构思文案。以团队为单位，每一团队写出 2 种不同风格的文案随文，多方征求意见，并进行修改，最终确定一篇最能体现产品风格、特色、档次、用途和意境的文案随文。

综合实训 1 　广告文案训练 1

"金河酸奶"即将推出一款为儿童成长提供帮助的新品，请为它写作报纸广告文案，要求包含标题、正文、标语、随文等四方面内容，字数在 500 字左右。

【实训目的】

● 熟悉广告文案的基本结构。

● 掌握广告文案的基本写作手法。

● 掌握广告标题、标语、正文、随文的写作方法和技巧。

● 能够写作广告文案。

【实训内容】

- 任务分析，即了解企业的要求。
- 案例调查，通过各种渠道收集、整理同类产品文案资料，认真分析该类产品文案写作的特点，比较各种成功或失败的案例。
- 构思文案。以团队为单位，每一团队写出两种不同风格的文案，多方征求意见，并进行修改，最终确定一篇最能体现产品风格、特色、档次、用途和意境的文案。

综合实训 2　广告文案训练 2

新华百货连锁超市财院店即将于母亲节开展一次促销活动，请你为这次活动写作报纸广告文案。

【实训目的】

- 熟悉广告文案的基本结构。
- 掌握广告文案的基本写作手法。
- 掌握广告标题、标语、正文、随文的写作方法和技巧。
- 能够写作广告文案。

【实训内容】

- 任务分析，即了解企业的设计要求。
- 案例调查，通过各种渠道收集、整理同类产品文案资料，认真分析该类产品文案写作的特点，比较各种成功或失败的案例。
- 构思文案。以团队为单位，每一团队写出两种不同风格的文案，多方征求意见，并进行修改，最终确定一篇最能体现产品风格、特色、档次、用途和意境的文案。

第三篇 广告制作

【开篇明义】

从广告创意——广告表现——广告制作是一个系统工程，前面两篇，我们已经学习了如何进行广告创意和广告表现，从现在开始，让我们以三种广告为例，一起学习如何进行好的广告制作吧！

- 广告制作指根据广告设计要求，制作可供刊播、设置、张贴、散布等广告作品的经营性和艺术性活动，它包含着广告策略的运用和广告信息的传递。

- 广告作品一般由主题、创意、文案、形象和衬托等 5 要素组成。广告制作的过程，即是将这 5 个要素有机地结合起来，成为一则完整的广告作品。

  - 主题是广告的中心思想，是广告为达到某种目的而要说明的基本概念。

  - 创意是表现广告主题的构思。广告的创意如果能引人入胜地表现主题，就会取得较好的广告效果。

  - 文案是广告传递信息必不可少的手段。没有文案的广告，就无法传递广告信息，不能让人知道广告所宣传的内容。

  - 形象是展示广告主题的有效办法。广告有了形象，才能更加引人注目，增加信任感，留下深刻印象。

  - 衬托也是表现广告主题的一种方法。以衬托来表现广告，可以突出主题，强化广告的感染力，提高广告的注意度、理解度和记忆度。

- 一个优秀的广告并不是以美观作为衡量的唯一标准的，而是看它是否适合你的广告对象。有位广告界行家说过这样一句话，要引起公众注意的是广告所宣传的产品(或企业)而不是广告本身，要使公众喜欢的是通过广告所传播的那个产品而不是那个广告。因此，不管广告做得如何声势浩大，艺术技巧如何美妙，第一位的永远是产品。不然，就是本末倒置。

- 广告制作流程有以下步骤：

(1) 设计——沟通、创意、草图、电脑初稿。

(2) 规划——发布角度、合理选材、创新处理、电脑出稿。

(3) 制作——安排工期、严格施工。

(4) 调整——整体校对、工艺交流、效果协调、追求完美。

(5) 验收——整体验收、客户确认、善后处理。

● 平面广告制作包括企业形象宣传手册、报纸广告、杂志广告、户外广告、POP 广告、DM 广告、商业海报、商品包装盒、图书装帧等多种形式。在这一篇中，只选取跟同学们将来工作岗位密切相关的 POP 广告、DM 广告、报纸广告等几种形式，在 Photoshop 工具平台上进行详细介绍。事实上，这三种广告在具体制作技术上并无十分严格的区别，它们的区别主要在于根据不同种类广告的特点和要求进行设计，来达到吸引受众的目的。

现场促销——POP广告设计制作

【知识目标】

- 知道什么是 POP 广告。
- 了解 POP 广告的作用。
- 了解 POP 广告的基本类型。
- 了解 POP 广告的制作要求。

【能力目标】

- 能够欣赏好的 POP 广告。
- 能够用 Photoshop 制作 POP 广告。

【单元概述】

- POP 广告就是售卖场所广告。
- 有效的 POP 广告，能激发顾客随机购买(或称冲动购买)，也能有效地促使计划购买的顾客果断决策，实现即时即地的购买。POP 广告对零售商和厂家都有重要的促销作用。
- POP 广告必须让广告受众清楚广告内容，如有"什么商品要卖、价格如何以及如何购买"等信息应一目了然。
- POP 广告要突出方便性。
- 在进行 POP 广告设计时要考虑到运输、布置、管理等方面的方便性，力求美观实用，适应需要，避免浪费。

【实践步骤】

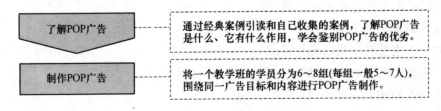

了解POP广告 —— 通过经典案例引读和自己收集的案例，了解POP广告是什么、它有什么作用，学会鉴别POP广告的优劣。

制作POP广告 —— 将一个教学班的学员分为6～8组(每组一般5～7人)，围绕同一广告目标和内容进行POP广告制作。

【要点提示】

- POP 广告设计与制作的基本原理同所有平面广告一样。
- POP 广告更加注重通过调动现场气氛，促进顾客立即购买。
- POP 广告必须简洁明了，突出主题。

任务 1　了解 POP 广告

【任务描述】

让我们一起通过如图 6-1 所示的商场 POP 海报，来帮助同学们了解 POP 广告。

图 6-1　商场 POP 海报

图片来源于上海第一百货商店海报

【请你想一想】

这样的广告通常出现在什么地方？

什么是 POP 广告？

POP 广告主要有哪些形式和特点？

怎样构思和设计 POP 广告？

怎样制作 POP 广告？

【让我告诉你】

- POP 广告就是售卖场所广告。
- POP 广告在现场促销方面有独特作用。
- POP 广告必须简明、独特、有吸引力。

一、什么是 POP 广告

POP 广告(Point of Purchase Advertising)，又称售卖场所广告。从广义上讲，凡是在商业空间、购买场所、零售商店的周围和内部，以及在商品陈设的地方所设置的广告物，都属于 POP 广告。如商店的牌匾，店面的装潢和橱窗，店外悬挂的充气广告、条幅，商店内部的装饰、陈设、招贴广告、服务指示，店内发放的广告刊物，进行的广告表演，以及广播、录像电子广告牌广告等。

从狭义上讲，POP 广告是指在购买场所和零售店内部设置的展销专柜，以及在商品周围悬挂、摆放与陈设的可以促进商品销售的广告。

有效的 POP 广告，能激发顾客随机购买(或称冲动购买)，也能有效地促使计划购买的顾客果断决策，实现即时即地的购买。POP 广告对零售商和厂家都有重要的促销作用。

二、POP 广告的功能

POP 广告具有很高的经济价值，对于任何经营形式的商业场所，都具有招揽顾客、促销商品的作用。同时，又具有提升商品形象和企业知名度的作用。POP 广告主要具有以下功能。

1. 新产品告知

大部分的 POP 广告都属于新产品的告知广告。当新产品出售之时，配合其他大众宣传媒体，在销售场所使用 POP 广告进行促销活动，可以吸引消费者视线，刺激其购买欲望。

2. 吸引顾客进店

在实际购买中有 2/3 的人是临时做出购买决策的，很显然，零售店的销售与其顾客流量成正比。因此 POP 广告促销的第一步就是要"引人入店"。

3. 吸引顾客驻足

POP 广告可以凭借其新颖的图案、绚丽的色彩、独特的构思引起顾客注意，使之驻足停留，进而对广告中的商品产生兴趣。别出心裁、引人注目的 POP 广告往往能起到意想不到的效果，极大地调动顾客的兴趣，诱发其购买动机。

4. 促使最终购买

促使顾客最终购买是 POP 广告的核心功效。为此，必须抓住顾客的关心点和兴奋点，通过有效的 POP 广告，结合现场操作、试用样品等店内活广告形式，促使顾客最终购买。

5. 取代售货员

POP 广告有"无声的售货员"和"最忠实的推销员"的美名。POP 广告经常使用的环境是超市，当消费者面对超市中诸多商品而无从下手时，摆放在商品周围的一则有效的POP 广告，会忠实地、不断地向消费者提供商品信息，起到吸引消费者、促成其购买的作用。

6. 营造销售气氛

利用 POP 广告强烈的色彩、美丽的图案、突出的造型、幽默的动作、准确而生动的广告语言，可以创造强烈的销售气氛，吸引消费者的视线，使其产生购买冲动。

7. 提升企业形象

POP 广告同其他广告一样，在销售环境中可以起到树立和提升企业形象，保持与消费者良好沟通的作用。POP 广告是企业视觉识别中的一项重要内容。零售企业可将制造商和经销商的标识、标准字、标准色、企业形象图案、宣传标语、口号等制成各种形式的 POP广告，以塑造富有特色的企业形象。

8. 节假日促销

POP 广告是节假日促销的一个重要手段。在各种传统和现代节日中，POP 广告都能营造出一种欢乐的气氛，为节假日销售起到推波助澜的作用。

三、POP 广告创意设计的一般原则

现在，越来越多的零售商认为，价格不再是决定消费者去何处购物的主要因素，顾客在零售店购买的不仅仅是商品本身，还有满足他们心理需求的零售形象。而零售形象一旦在顾客心目中确立，将会成为一笔稳定的无形资产，为零售店带来长期销售利润。这样，POP 广告的领域已从单纯的商品领域，扩展到整个零售店的形象领域。

在商业活动中，POP 广告是一种极为活跃的促销形式，它以多种手段将各种传播媒体的集成效果浓缩在销售场所中。它能够把商品的优点、内容、质量和使用方法清晰明确地传达给消费者，提高商品的注目率；或通过有针对性的、简明扼要的说明，使消费者对不熟悉的商品产生好感，从而促进销售。这也正是 POP 广告的魅力所在。

POP 广告的运用能否成功，关键在于广告画面的设计能否简洁鲜明地传达信息、塑造形象，富于感染力。POP 广告是直接沟通顾客和商品的小型广告，在设计技巧上与其他广告相比有以下不同之处。

- POP 广告的设计既要具有鲜明的个性，同时还要与企业的形象相符合，因此要从企业和商品的特征出发，站在整体促销计划的立场上，全盘考虑。
- 必须特别注重现场广告的心理攻势。因 POP 广告具有直接促销的作用，所以设计者必须着力于研究店铺环境与商品的性质，以及顾客的需求和心理，以便有的放矢地设计最能打动顾客的内容，其图文必须有针对性地、简明扼要地表示

出商品的优点和益处。

- 造型简练，设计醒目。因 POP 广告体积小、容量有限，要想将其置于琳琅满目的各种商品之中不被忽略且又不显得花哨低俗，其造型应该简练，画面设计应该醒目，版面布局应该合理，做到阅读方便，重点鲜明，有美感、有特色，和谐而统一。

- 注重设计与陈列。POP 广告并非像节日点缀一样越热闹越好，而应视之为构成商店形象的一部分，故其设计与陈列应从加强商店的整体形象出发，注重加强和渲染商店的艺术气氛。

- POP 广告设计的全部秘诀在于强调购买的"时间"与"地点"，在特定的销售环境中，提供给消费者一个面对具体商品做出选择的最后机会。导致顾客产生购物犹豫心理的原因是他们对所需商品尚存有疑虑，有效的 POP 广告应针对顾客的关心点进行诉求和解答。其中，价格是顾客所关心的重点，所以价目卡应置于醒目位置；商品说明书、精美商品传单等资料应置于取阅方便的 POP 展示架上；而对新产品，最好采用口语推荐的广告形式，说明解释，诱导购买。

- 设计时要考虑到运输、布置、管理等方面的方便性，力求美观实用，避免浪费。

超市 POP 广告

超市里的商品陈列在货架上，消费者通过自己的视觉来扫描商品，并根据自己的需要来决定商品购买与否。所以自助式销售方式必须要提高商品陈列的视觉效果，但仅仅通过陈列来提高商品的视觉效果是不够的，而 POP 广告所具有的强烈的视觉传达效果，就可以刺激消费者的购买欲望，这就是 POP 广告的促销意义。可以这样说，低成本、直接有效的 POP 广告，是超市卖场中主要的促销媒介。POP 广告对超市促销的作用主要有以下几点：

1. 吸引路人进入超市；

2. 告知顾客超市内在销售什么；

3. 告知商品的位置配置；

4 告知商品的主要特性；

5. 告知顾客最新的商品供应信息；

6. 告知商品的价格；

7. 特价商品告知；

8. 刺激顾客的购买欲望；

9. 活跃超市卖场气氛；

10. 促进商品的销售。

案例来源：顶尖创意网(www.bobd.cn) "抓住顾客的眼睛——POP 广告" 一文

【一起做一做】

实训　POP 广告赏析训练

【实训目的】

熟悉 POP 广告的功能和应用，初步掌握评析 POP 广告作品的一般方法。

【实训内容】

简要评价图 6-2 所示的 POP 广告的特点。

图 6-2　商场 POP 海报

图片来源于崂百集团海报

任务 2　使用 Photoshop 设计制作 POP 广告

【任务描述】

我们将通过一系列有针对性的训练，来帮助同学们掌握使用 Photoshop 制作 POP 广告的具体方法和技巧。

招贴 POP 是 POP 广告中最常见的形式，本小节以如图 6-3 所示的招贴 POP 为例，介绍这类广告的制作方法。

图 6-3　招贴 POP 海报效果

图片来源：萍果裤装促销海报

（1）在 Photoshop 中新建文件：宽 400 像素，高 700 像素，颜色模式：RGB，分辨率：72 像素/英寸，背景色：白色。

（2）新建"图层 1"，重命名"渐变背景"。

（3）从工具箱中选择渐变工具 ，选择线性渐变模式 ，在"渐变编辑器"对话框中设置由# c3e515 到# 459eca 的渐变色，单击"确定"按钮，如图 6-4 所示。

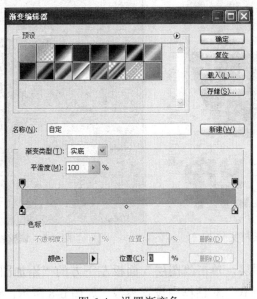

图 6-4　设置渐变色

(4) 在"渐变背景"图层中，用渐变工具自上而下拖拽鼠标，填充设置的渐变色，如图 6-5 所示。

图 6-5　填充渐变色

(5) 打开如图 6-6 所示的"萍果"品牌的标识素材，将素材内容复制到当前文件中，生成新图层，重命名为"标识"，并调整图形到适当的位置，如图 6-7 所示。

图 6-6　打开的素材文件

图 6-7　调整图形的位置

(6) 选择"标识"图层，单击"图层"面板左下方的"添加图层样式"按钮 *fx.*，选择"描边"，在"图层样式"对话框中设置参数，如图 6-8 所示；设置完毕后，在对话框

左侧继续选择"外发光",并设置参数,如图 6-9 所示;单击"确定"按钮,得到如图 6-10
所示的效果。

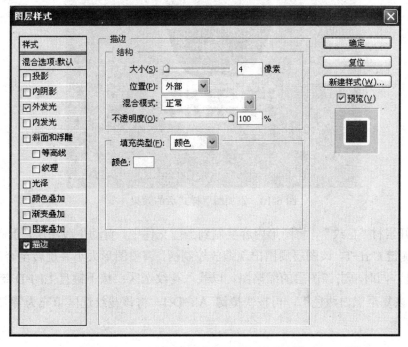

图 6-8   设置描边

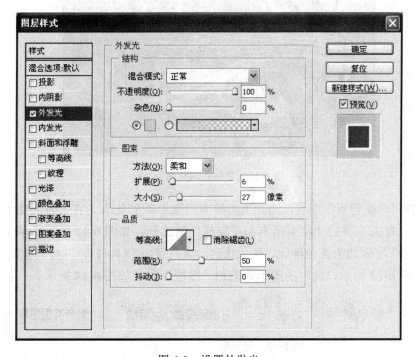

图 6-9   设置外发光

图 6-10   添加图层样式后的效果

(7) 打开素材"花纹",将图形内容复制到当前文件中,自动生成图层,重命名为"花纹"。按快捷键 Ctrl+T,该图层周围出现缩放控制柄,调整图形大小并旋转至合适的位置,按住 Ctrl 键,同时单击该图层的缩略图,以载入花纹选区;按下键盘上的 D 键,将前景色与背景色恢复至黑白两色 ,再按快捷键 Alt+Del,将该花纹选区填充为背景色白色,如图 6-11 所示。

图 6-11   复制并调整图形

(8) 选择"渐变背景"图层,选择工具箱中的魔术棒工具 ,在上方的魔术棒工具栏中设置容差值为 32,并选中"对所有图层取样"复选框,如图 6-12 所示。单击花纹下方至"渐变背景"层底边的蓝色区域,生成选区,填充颜色# 84be11,再按快捷键 Ctrl+D 取消选区,如图 6-13 所示。此时的图形效果和"图层"面板如图 6-14 所示。

※ ▾ │ ■ □ □ □ │ 容差: 32 ☑消除锯齿 ☑连续   ☑对所有图层取样

图 6-12   设置魔术棒工具的属性

图 6-13　填充选区

图 6-14　生成的图形效果和"图层"面板

(9) 使用文本工具,输入"新款裤装",设置合适的文本参数,使其大小适中,然后调整位置,如图 6-15 所示。

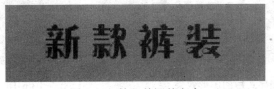

图 6-15　输入并调整文本

(10) 选择该文本图层，单击"图层"面板左下方的"添加图层样式"按钮 *fx.*，选择
"描边"选项，并在打开的对话框中设置合适的参数，如图 6-16 所示。得到的图形效果
如图 6-17 所示。

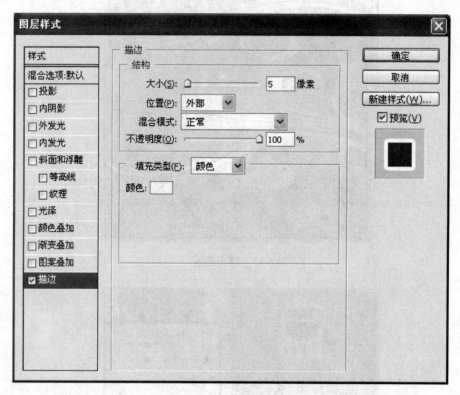

图 6-16　设置图层样式

(11) 同样使用文本工具，设置不同的文本参数，输入其他促销宣传语，并分别为它们
添加图层样式，效果如图 6-18 所示。

图 6-17　添加样式后的图形效果

图 6-18　其他文本效果

(12) 适当调整各图层的位置及其他参数，最终完成的效果如图 6-19 所示。

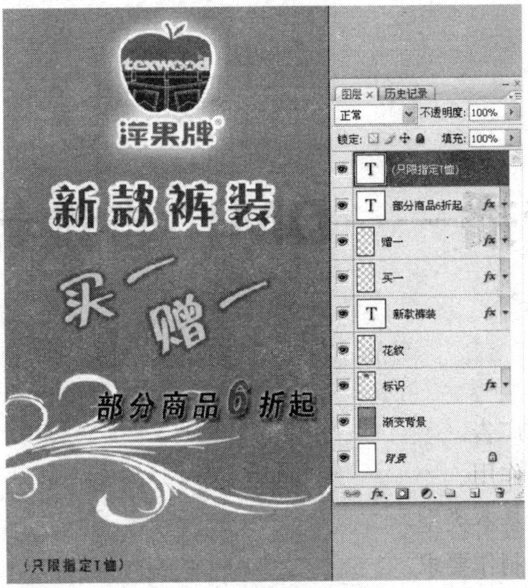

图 6-19 最终完成的效果

【一起做一做】

实训 1 POP 广告设计制作训练

【实训目的】

能根据 POP 广告的特点，构思并设计制作出满足特定场合需要的 POP 广告。

【实训内容】

参考书中所学的 POP 广告作品，以团队为单位，为金河牛奶专卖店设计制作一组 POP 广告。

【实训提示】

POP 广告必须具有以下特点。

- 时效性强：必须紧随商家的计划随时进行变化；
- 形式美观：能够足以吸引顾客的注意力；
- 富于创意：真正起到刺激消费者购买冲动的目的；
- 成本低廉：只有低廉的成本才不会影响 POP 的大量应用。

实训 2 POP 广告设计制作训练 2

【实训目的】

能根据 POP 广告的功能，构思并设计制作出满足特定场合需要的 POP 广告。

【实训内容】

参考书中所学的 POP 广告作品，以团队为单位，为新华百货连锁超市财院店设计制作一组 POP 广告。

小众传播——DM广告设计制作

【知识目标】

- 知道什么是 DM 广告。
- 了解 DM 广告的作用。
- 了解 DM 广告的基本类型。
- 了解 DM 广告的制作要求。

【能力目标】

- 能够欣赏好的 DM 广告。
- 能够用 Photoshop 制作 DM 广告。

【单元概述】

- DM 广告就是直接邮寄广告。
- 有效的 DM 广告，可以直接将广告信息传送给真正的受众，具有成本低、认知度高等优点，为商家宣传自身形象和商品提供了良好的载体。
- 一般说来，DM 广告适用于那些定位明确的产品，而选择适合的受众也是成败的关键。

【实践步骤】

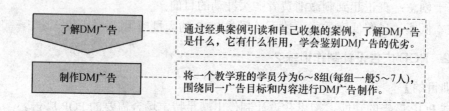

了解DM广告 —— 通过经典案例引读和自己收集的案例，了解DM广告是什么，它有什么作用，学会鉴别DM广告的优劣。

制作DM广告 —— 将一个教学班的学员分为6~8组(每组一般5~7人)，围绕同一广告目标和内容进行DM广告制作。

【要点提示】

- DM 广告设计与制作的基本原理同所有平面广告一样。

- DM 广告更加注重选择适合的受众。
- DM 广告要突出艺术性。

任务 1　了解 DM 广告

【任务描述】

让我们一起通过如图 7-1 所示的两个示例，来帮助同学们了解 DM 广告。

图 7-1　国外的 DM 广告

图片来源于网络

【请你想一想】

这样的广告通常出现在什么地方？它们是怎样传播的？

什么是 DM 广告？

DM 广告主要有哪些形式和特点？

DM 广告适用于什么样的场合？

如何才能将 DM 广告做好？

【让我告诉你】

一、什么是 DM 广告

DM 是英文 direct mail advertising 的省略表述，直译为"直接邮寄广告"，即通过邮寄、赠送等形式，将宣传品送到消费者手中。

二、DM 广告的特点

与其他媒体广告相比，DM 可以直接将广告信息传送给真正的受众，具有成本低、认知度高等优点，为商家宣传自身形象和商品提供了良好的载体。DM 广告具有以下主要特点。

- 针对性强。DM 广告具有强烈的选择性和针对性，而其他媒介只是将广告信息笼统地传递给所有受众，并不管受众是否是广告信息的目标对象。

- 持续时间长。拿到 DM 广告后，受众可以反复翻阅广告信息，并以此作为参照物来详尽了解产品的各项性能指标，直到最后做出购买或舍弃决定。

- 灵活性强。DM 广告的广告主可以根据自身具体情况来任意选择版面大小并自行确定广告信息的长短，以及选择全色或单色的印刷形式。

- 广告效应较好。DM 广告是由广告主直接派发或寄送给个人的，广告主在付诸实际行动之前，可以参照人口统计因素和地理区域因素选择受传对象，以保证最大限度地使广告讯息为受赠对象所接受。同时，受赠者在收到 DM 广告后，可以比较专注地了解其中内容，而不受外界干扰。

- 可测定性高。在发出 DM 广告之后，可以通过统计经由特定渠道的产品销量变化情况来了解广告信息传出之后产生的效果。

- 隐蔽性强。DM 广告是一种深入潜行的非轰动性广告，不易引起竞争对手的察觉和重视。

- 范围可大可小。DM 广告既可用于小范围的社区、居民区广告，也可用于区域性或全国性广告。如连锁店可采用这种方式提前向消费者进行宣传。

- 时间可长可短。DM 广告既可以作为专门指定在某一时间期限内送到以产生即时效果的短期广告，也可作为经常性、常年性寄送的长期广告。如一些新开办的商店、餐馆等在开业前夕通常都要向社区居民寄送或派发开业请柬，以吸引顾客、壮大声势。

- 广告费用低。与报刊、杂志、电台、电视等媒体发布广告的高昂费用相比，DM 广告成本是相当低廉的。

- 自主性强。形状、重量、体积不受限制，发行的时间、对象、数量完全由广告主自行掌握。

- 互动性强。DM 广告的效果易于确认，可以用数据简单地表述出来，并可在此基础上分析、回笼消费者的各种反应。

DM 广告的优点虽多，但要发挥其最佳效果，还需有三个条件的大力支持。

第一，必须有一个优秀的商品来支持 DM 广告。假若你的商品与 DM 广告所传递的信息相去甚远，甚至是假冒伪劣商品，那么即使你的 DM 广告吹得再天花乱坠，市场还是要抛弃你。

第二，选择好你的广告对象。再好的 DM 广告、再棒的产品，也不能对牛弹琴，否则就是死路一条。

第三，考虑用一种什么样的广告方式来打动你的上帝。俗语说得好：攻心为上。巧妙的广告诉求会使 DM 广告有事半功倍的效果。

三、DM 广告的形式

因 DM 广告的设计表现自由度高、运用范围广，因此表现形式也呈现了多样化。

1. 按内容和形式分

按内容和形式分，DM 广告可以分为优惠赠券、信件、海报、图表、产品目录、折页、名片、订货单、日历、挂历、明信片、宣传册、折价券、家庭杂志、传单、请柬、销售手册、公司指南、立体卡片和小包装实物等。

2. 按传递方式分

按传递方式分，DM 广告可以分为报刊夹页、邮寄、街头派送、店内派发和上门投递等形式。

四、DM 广告的适用场合

一般来说，DM 广告适用于以下情形之一。

- 产品定位明确。
- 产品受用户欢迎并有实际用途。
- 没有足够的实力投放其他广告。
- 希望广告持续时间长。
- 需要受众反馈信息。
- 需要用户测试的商品。

五、如何把 DM 广告做得更好

DM 广告的优点虽多，但并不见得你的 DM 广告就会人见人爱。再好的东西，就像一块稀世宝石，如果它的闪光点不为世人所知，终究也只是块石头。一份好的 DM 广告，并非盲目而定的，在设计 DM 广告时，假若事先围绕它的优点考虑得更多一点，将对提高DM 的广告效果大有帮助。DM 广告的设计制作方法，大致有以下几点。

- 设计人员要透彻了解商品，熟知消费者的心理习性和规律，知己知彼，方能百战不殆。
- 爱美之心，人皆有之，故设计要新颖有创意、印刷要精致美观，以吸引更多的眼球。
- DM 广告的设计形式无固定法则，可视具体情况灵活掌握、自由发挥、出奇制胜。
- 充分考虑其折叠方式、尺寸大小、实际重量，以便于邮寄或携带。
- 可在折叠方法上玩些小花样，比如借鉴中国传统折纸艺术，让人耳目一新；但切记要使接受邮寄者方便拆阅。
- 配图时，多选择与所传递信息有强烈关联的图案，刺激记忆。
- 考虑色彩的魅力。
- 设计成立体式、系列式，以引人注意。
- 设法引导消费者重复阅读，甚至当作一件艺术品来收藏。

【一起做一做】

实训　DM 广告赏析训练

【实训目的】

熟悉 DM 广告的功能和应用，初步掌握评析 DM 作品的一般方法。

【实训内容】

简要评价如图 7-2 所示的两则 DM 广告的特点。

图 7-2　两则 DM 广告

图片来源于华录通讯促销 DM 广告

任务 2　使用 Photoshop 设计制作 DM 广告

【任务描述】

我们将通过一系列有针对性的训练，来帮助同学们掌握使用 Photosho 制作 DM 广告的具体方法和技巧。

传单 DM 是 DM 广告中最常见的形式，本小节以如图 7-3 所示的传单 DM 为例，介绍这类广告的制作方法。传单 DM 与前面学过的招贴 POP 广告以及后面即将要学习的报纸广告在制作技巧上并没有严格的区别，最重要的是根据受众特点、产品特点和广告的时间、地点等因素对广告的内容、形式等进行适当调整。

图 7-3 传单 DM 广告效果

图片来源：新华百货促销 DM 广告

下面介绍使用 Photoshop 制作该广告的具体过程。

(1) 在 Photoshop 中新建文件，宽度 500 像素，高度 665 像素，分辨率为 150 像素/英寸，颜色模式为 CMYK 颜色，背景色为白色。

(2) 在"图层"面板上新建一个图层，命名为"颜色背景"；在工具箱中选择渐变工具 █，模式为线性渐变，设置由# e03b60 到# eb4d71 颜色的渐变样式，如图 7-4 所示；在"颜色背景"图层中由上至下拖拽鼠标，将该图层填充上渐变色，如图 7-5 所示。

图 7-4 设置渐变色

(3) 打开"新华百货"标识素材，将内容复制到当前文件中，并重命名自动生成的图层为"新百标识"，然后适当调整图形的大小及位置，如图 7-6 所示。

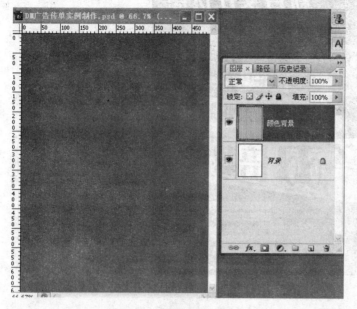

图 7-5　填充渐变色

图 7-6　生成图层

(4) 选择"新华百货"图层，在"图层"面板右下方单击"添加图层样式"按钮 fx.，选择"描边"选项，并在打开的对话框中设置参数(如图 7-7 所示)，单击"确定"按钮添加图层样式，如图 7-8 所示。

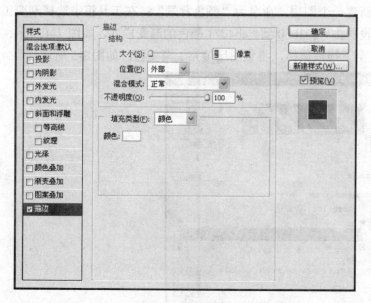

图 7-7　设置图形

图 7-8　添加图层样式

(5) 使用工具箱中的文本工具，利用如图 7-9 所示的"字符"面板设置适当的文本属性，分别添加文本"超市双倍积分"和"新百实在优惠"，并调整它们至合适的位置，添加的文本和"图层"面板如图 7-10 和图 7-11 所示。

图 7-9　设置文本属性

图 7-10　添加文本

(6) 分别为两个这两个文本图层添加"描边"图层样式，描边颜色为#a90034；再选择对话框左侧的"投影"，为图层内容添加"投影"样式。参数设置和效果分别如图 7-12～图 7-14 所示。

图 7-11　"图层"面板

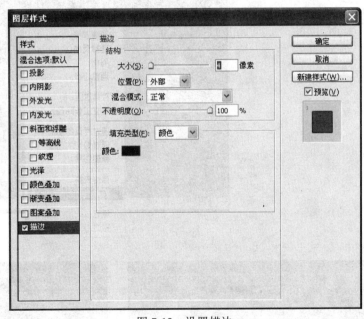

图 7-12　设置描边

(7) 在"图层"面板中新建图层，命名为"框 1"，选择工具箱中的矩形选框工具，拖拽鼠标，制作一个矩形选区；保持选区不变，单击鼠标右键，在弹出菜单中选择"变换选区"，如图 7-15 上图所示，这时矩形选区周围出现变换控制柄；按住 Ctrl 键，拖拽控制柄，调整选区为如图 7-15 中图所示形状，然后在区域内双击，应用变换更改，继续保持选区，如图 7-15 下图所示。

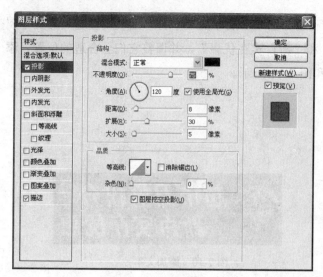

图 7-13　设置投影　　　　　　　　　　图 7-14　图文效果

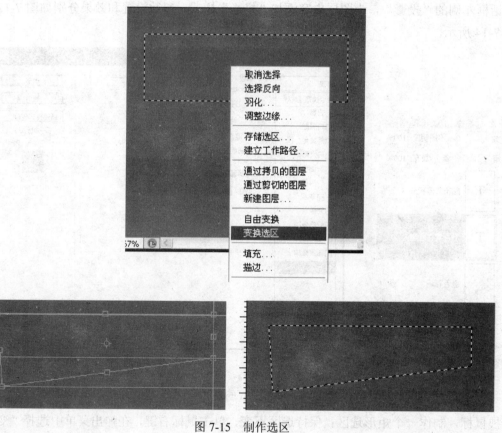

图 7-15　制作选区

(8) 执行"编辑"|"填充"命令，在打开的对话框中设置参数，将当前选区填充为白色。保持选区不变，在"图层"面板上新建一个图层，命名为"框 1 阴影"；选中该图层，继续用同样的方法填充，颜色为#bf3660；在"图层"面板上拖动"框 1 阴影"图层至"框

1"图层下方，按快捷键 Ctrl+D 取消选区；选中"框 1 阴影"图层，选择工具箱中的移动工具 ，使用键盘的上、下、左、右键，向左下方移动该图层内容，形成阴影的初步效果，如图 7-16 所示。

图 7-16　阴影初步效果

(9) 选择"框 1"图层，在"图层"面板中调整该图层的不透明度为 85%，如图 7-17 所示，效果如图 7-18 所示。

图 7-17　设置图层不透明度

图 7-18　图形效果

(10) 按住 Shift 键，在"图层"面板上分别单击"框 1"和"框 1 阴影"两个图层，将两个图层同时选中；释放 Shift 键，在"图层"面板左下方单击"链接图层"按钮，将这两个图层链接，如图 7-19 所示。

(11) 选择工具箱中的移动工具，移动这两个图层中的其中一个，则被链接的另外一个图层也将保持相对位置不变一起移动，将它们移至合适的位置，如图 7-20 所示。

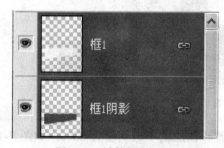

图 7-19　链接图层　　　　　　　　图 7-20　调整图形位置

（12）用同样的方法再做两个这样的图形，形状可自己调整，注意要符合视觉的透视规则，然后设置不同的颜色阴影和不透明度，体现错落有致的层次感，如图 7-21 所示。

（13）使用文本工具，分别输入多个文本，根据需要设置不同的文本属性，调整位置，并给文本添加各种图层样式，效果如图 7-22 所示。

图 7-21　制作的图形效果　　　　　　图 7-22　文字效果

（14）新建图层，重命名为"文字框"。选中该层，使用工具箱中的矩形选框工具，在下方"新华百货网址"部分拖拽鼠标做选区，使选区刚好能围住这部分文字；保持选区，执行"选择"|"修改"|"平滑"命令，在弹出的对话框中设置"取样半径"为8，单击"确定"按钮，这时可以看到矩形选区变为圆角选区；接着执行"编辑"|"描边"命令，设

置颜色为白色，宽度为 1px，单击"确定"按钮，按快捷键 Ctrl+D 取消选区，调整其位置以适应文本部分，如图 7-23 所示。

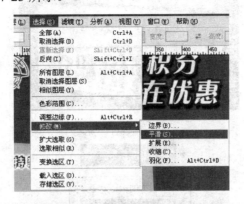

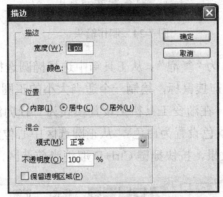

图 7-23　制作文字框

(15) 新建图层，命名为"黄色箭头"，从工具箱中选择自定义形状工具 ，在上方工具栏中设置为"填充像素"模式，从右侧"形状"中选择箭头形状，设置当前前景色为 #ffc512，在当前图层上拖拽鼠标绘制黄色箭头；按 Ctrl+T 快捷键进行自由变换，移动箭头图层的位置到"超市当天购物"图层下方，并调整箭头形状(可通过单击鼠标右键选择"斜切"、"扭曲"、"透视"等命令调整)，使箭头刚好适合上方的文本；用同样的方法，建立"积分箭头"图层，填充颜色为#f8b3cf，将其放在"双倍积分"图层下方，并调整该图层不透明度为 48%，如图 7-24 所示。

图 7-24　制作箭头

(16) 新建图层，重命名为"气泡"，从工具箱中选择椭圆选框工具 ◯，同时按住 Shift 键和 Alt 键，在当前图层上拖拽鼠标，绘制一个适当大小的正圆选区。保持选区不变，从工具箱中选择渐变工具 ▢，在渐变工具栏上设置模式为"径向渐变"，选择渐变方式为"前景到透明"(提前将前景色设置为白色)，从正圆选区中心位置向外拖拽鼠标，将选区填充为前景到透明的渐变效果，按快捷键 Ctrl+D 取消当前选区，如图 7-25 所示。

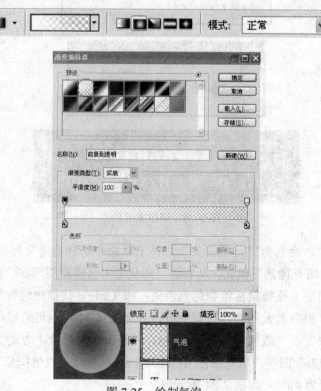

图 7-25　绘制气泡

(17) 将"气泡"图层多复制几个，调整各层气泡的大小和图层的不透明度，以及各气泡层在"图层"面板中的上下位置，然后分别将各气泡放在不同的位置，尽量使整体看上去活泼一些，如图 7-26 所示。

图 7-26　制作的气泡效果

(18) 打开素材"底纹"，将底纹内的内容复制并粘贴到当前文件中，重命名自动生成的图层为"底纹"，然后复制"底纹"图层，并将这两个图层位置调整至"颜色背景"图层上方，如图 7-27 上图所示；再分别调整图层内容的位置至左下角和右上角，并根据需要调整大小，使整幅图看起来比较平衡，如图 7-27 下图所示。

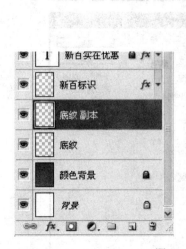

图 7-27　制作底纹

(19) 打开如图 7-28 所示的素材"会员卡"，复制内容并粘贴到当前文件中，重命名自动生成的图层为"会员卡"。选中该图层，按 Ctrl+T 快捷键调整图形大小并旋转，将

其移动到适当的位置，并在该图层上添加白色描边和投影样式(方法如前)，参数设置如图
7-29 所示，得到的效果如图 7-30 所示。

图 7-28　素材

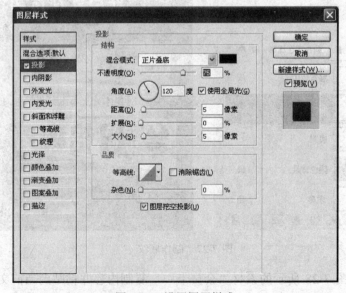

图 7-29　设置图层样式

图 7-30　图形效果

(20) 整体观察，细微调整不完善的部分，最终效果如图 7-31 所示。

图 7-31　完成后的效果

实训 1　DM 广告设计制作训练

【实训目的】

能根据 DM 广告的特点，构思并设计制作出满足特定场合需要的 DM 广告。

【实训内容】

参考书中所学的 DM 广告作品，以团队为单位为金河牛奶设计制作一组 DM 广告。

【实训提示】

DM 广告具有以下主要特点。

- 针对性。DM 广告直接将广告信息传递给真正的受众。如果目标对象选择欠妥，势必会使广告效果大打折扣，甚至会使 DM 广告失效。
- 灵活性。广告主可以随心所欲地制作出各种各样的 DM 广告。

实训 2　DM 广告设计制作训练

【实训目的】

能根据 DM 广告的功能，构思并设计制作出满足特定场合需要的 DM 广告。

【实训内容】

参考书中所学的 DM 广告作品，以团队为单位为新华百货财院店设计制作一组 DM 广告。

大众传播——报纸广告设计制作

【知识目标】

- 知道什么是报纸广告。
- 了解报纸广告的作用。
- 了解报纸广告的基本类型。
- 了解报纸广告的制作要求。

【能力目标】

- 能够欣赏好的报纸广告。
- 能够用 Photoshop 制作报纸广告。

【单元概述】

- 报纸广告就是刊登在报纸上的广告。
- 报纸广告的优点是发行频率高、发行量大、信息传递快，可以反复阅读，便于保存。
- 报纸广告的缺点是广告寿命短，对特定受众无法产生作用，不够精美，缺乏动感、立体感和色泽感，因而对受众的吸引力较差。
- 报纸广告的各种版面效果是不同的。
- 报纸广告应一方面要设计得简单明了，另一方面要放在显眼位置让人们注意。

【实践步骤】

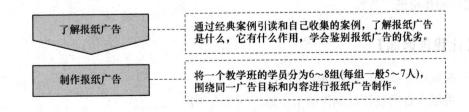

【要点提示】

- 报纸广告的设计与制作的基本原理同所有平面广告一样。
- 好的报纸广告一方面要设计好，另一方面要放在好的位置。

任务 1　了解报纸广告

【任务描述】

让我们一起通过如图 8-1 所示的示例，来帮助同学们了解报纸广告。

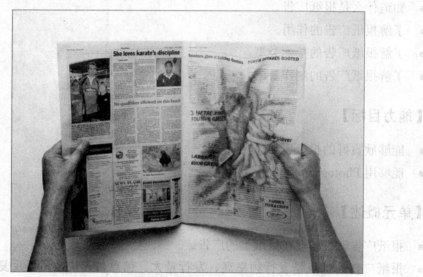

图 8-1　食品报纸广告

【请你想一想】

什么是报纸广告？

报纸广告主要有哪些形式和特点？

报纸广告的位置重要吗？为什么？

怎样构思和设计报纸广告？

怎样制作报纸广告？

【让我告诉你】

- 报纸广告就是刊登在报纸上的广告。
- 报纸广告的设计与制作的基本原理同所有平面广告一样。
- 好的报纸广告一方面要设计好，另一方面要放在好的位置。

一、什么是报纸广告

报纸广告就是刊登在报纸上的广告。报纸是一种印刷媒介(print-medium)。它的特点是发行频率高、发行量大、信息传递快,因此报纸广告可以及时广泛地发布。报纸广告以文字和图画为主要视觉元素,不像其他广告媒介,如电视、广播等受到时间的严格限制;报纸广告可以反复阅读,便于保存。

报纸广告的缺点及解决办法

- 报纸的新闻性极强,隔日的报纸容易被人弃置,广告寿命也会因此大打折扣。
- 报纸广告是强制性的。读者经常随意跳读所感兴趣的内容,越是内容丰富,好新闻连篇,就越容易造成跳读现象,造成广告浪费,广告还无法对文盲产生效果。
- 现代人生活节奏快,无时间详细阅读,加之由于版面限制,广告拥挤,使人感到眼花缭乱,更无心主动接受其诉求。
- 报纸媒体因纸质和印刷的关系,插图和摄影不够精美,缺乏动感、立体感和色泽感。

对于这些缺点,有些可采取适当的办法进行补救。如在编辑方面,采用梯形编排法、疏密编排法、同类商品归类编排法和分类广告编排法等,可以相应地提高读者对广告的阅读率。在内容方面,可以通过简洁广告文字、增加广告画面面积、增强广告设计的吸引力来增加读者对广告的阅读率。此外,在印刷方面,可以采用套色印刷或彩色印刷工艺。据欧美广告界的研究证明,套色印刷广告可比黑白广告增加 50%的注意率,而彩色广告在套色广告基础上又可增加 30%的注意率。

案例来源:《photoshop 平面广告创意与设计》,作者刘山伟

二、报纸广告的各种版面

1. 报花广告

报花广告又称栏花广告(如图 8-2 所示"泰山名饮"等广告),是在任意版面刊登的小广告,规格一般有两种:3cm×2cm、6cm×2cm。对于很小的广告,一般报纸会简单做些分类刊登,譬如招商类集中放在哪几版中,医药类放在哪几版中等等。此类广告版块很小,收费较大幅广告便宜很多,所以现在很多品牌常年刊登栏花广告,使得品牌形象深入人心。但由于这类广告版面很小、形式特殊,不具备广阔的创意空间,文案只能作重点式表现,突出品牌或企业名称、电话、地址及企业赞助之类的内容,不体现文案结构的全部,一般采用陈述性的表述。

2. 报眼广告

报眼,即横排版报纸报头一侧的版面(如图 8-3 所示"和风家具"广告)。版面面积不大,但位置十分显著、重要,引人注目。如果是新闻版,多用来刊登简短而重要的消息,或内容提要。这个位置用来刊登广告,显然比其他版面广告的注意值要高,并会自然地体现出其权威性、新闻性、时效性与可信性。

由于报眼广告版面面积小，容不下更多的图片，所以广告文案写作占据核心地位，具有举足轻重的作用。应特别予以注意的有以下几方面：

- 要选择具有新闻性的信息内容，或在创意及表现手段方面赋予其新闻性。
- 广告标题要醒目，最好采用新闻式、承诺式或实证式标题类型。
- 广告正文的写作可采用新闻形式和新闻笔法，尽量运用理性诉求方式。
- 广告文案的语言要相对体现出理性的、科学的、严谨的风格。
- 广告文案需简短凝炼，忌用长文案；尽量少用感性诉求，尤其不能用散文体、故事体、诗歌体等假定性强的艺术形式，以免冲淡报眼位置自身所具有的说服力与可信性。

图 8-2　报花广告

图 8-3　报眼广告

图 8-4　半版广告

图片来源：济南时报、深圳家具、每日新报等媒体

3. 半通栏广告

半通栏广告一般分为大小两类：约 65mm×120mm 或约 100mm×170mm。由于这类广告版面较小，而且众多广告排列在一起，互相干扰，广告效果容易互相削弱。因此，如何使广告从众多广告中脱颖而出，跳入读者视线，是应特别注意的。

- 制作醒目的广告标题。标题字数要短，字体要大，新颖别致，有冲击力，能一下子抓住受众的注意力。
- 用短文案。语言要高度凝炼简洁，提纲挈领，突出重点信息，力求做到小版面多内涵。
- 文案的写作要注意与画面编排的有机结合。最好在编排先行、编排为主的制作理念指导下进行。

4. 单通栏广告

单通栏广告也有两种类型，约 100mm×350mm，或者 650mm×235mm。是广告中最常见的一种版面，符合人们的正常视觉，因此版面自身有一定的说服力。

- 文案可以作为广告的核心部分。
- 广告标题既可以运用短标题形式，也可以采用长标题形式；但为了与画面的编排相和谐，最好用单标题而不用复合标题。
- 文案中可以进行较为细致的广告信息介绍和多方位的信息交代、信息表现。但正文字数不可多于 500 个汉字，以免版面拥挤，影响编排效果。
- 文案的结构可以有充分的自由度，从一到四个部分的结构，都可自由运用。

5. 双通栏广告

双通栏广告一般有约 200mm×350mm 和约 130mm×235mm 两种类型。在版面面积上，它是单通栏广告的 2 倍。凡适合于报纸广告的结构类型、表现形式和语言风格都可以在这里运用。

- 可以诉求广告主体的综合信息。
- 广告标题可以采用多句形式和复合形式。
- 可以采用论辨性文案的表现形式，并通过一些小标题来达到吸引受众阅读的目的。
- 版面编排可以放在次要地位，说服和诱导的重任基本上靠广告文案来完成。
- 如果广告产品处于成熟期，在采用感性诉求时，应更注重于广告主体的品牌和一贯观念的体现。

6. 半版广告

半版广告(如图 8-4 所示"雅神集团家具城"广告)一般是约 250mm×350mm 和 170mm×235mm 两种类型。半版、整版和跨版广告，均被称之为大版面广告。是广告主雄厚经济实力的体现。

- 半版、整版和跨版广告，运用"大音稀声，大象无形"的美学原理，努力拓宽画面的视觉效果。"以白计黑，以虚显实"，充分利用受众的想象力。
- 文案写作既可以采用感性诉求，也可以进行理性诉求。可以运用适于报纸广告的各种表现形式和手段营造气势、烘托气氛，强化视觉冲击力。
- 采用大标题、少正文、重点性附文的方式，删繁就简，突出定位，以体现品牌形象的气势，产生形式上的吸引力。

7. 整版广告

整版广告一般可分为 500mm×350mm 和 340mm×235mm 两种类型(图 8-5)，是最大版面的单版广告，给人以视野开阔、气势恢宏的感觉。

- 有文无图，或偶有插图，基本以文案方式出现。运用介绍性的文体对产品系列或企业作较为详细的、全方位的介绍。
- 以图为主，辅之以文。以创意性的、大气魄的画面，少而大的文字来进行感性诉求。这里，广告文案的点睛作用，及文案与画面风格的协调，是值得重视的关键要素。
- 运用报纸的新闻性和权威性，采用报告文学的形式来提升企业的形象。

图 8-5　整版广告

图片来源："金水岸"楼盘广告

实践证明，第二种用法效果最佳。因此，这种类型的整版广告越来越多。

8. 跨版广告

即一个广告作品，刊登在两个或两个以上的报纸版面上(图 8-6)。一般有整版跨版、半版跨版、1/4 版跨版等几种形式。跨版广告很能体现企业的大气魄、厚基础和经济实力，是大企业所乐于采用的。

图 8-6　跨版广告

图片来源："聚宝苑·10 号公馆"楼盘广告

三、报纸广告如何提高注目率

一是内容新鲜及时，富有震撼力并与对象贴近等。

如台湾"新格小家电母亲节"公关广告。为了适合"母亲的伟大及母亲的爱——世上最伟大的爱"这一主题，策划者将广告画面规划出 48 个均等空间。上半版是包括泰戈尔、林肯、孙中山在内的世界 24 位伟人照片，广告语是："在妈妈心中，他们只是小孩"；下半版是神态各异、天真可爱的 24 个婴儿的照片，广告语是："在妈妈心中，他们都是伟人"。本广告的成功之处在于用执着的母爱而唤起人类对母亲的敬重。以简洁的两句广告语，把"母亲的伟大和母亲的爱"这一主题表达得淋漓尽致，其脱俗的画面形式与表达手法，给人以很深的印象。

二是采取对比强烈的表现形式。

三是可以采用特大字号来突显内容，造成视觉冲击力。

四是广告的版面四周上留出大量空白或广告的底色印成黑色。

五是要注重广告文案的创意。

报纸广告的构思要点

1. "眼球跟踪"的实验表明，广告设计越是复杂，注意它的读者越少。

2. 如果广告不能放在显眼位置让人们注意，那么就是浪费时间和金钱。

下面是一组广告欣赏，如图 8-7 所示。

图 8-7　一组广告欣赏

图片来源于南方都市报等媒体

【一起做一做】

实训　报纸广告赏析训练

【实训目的】

熟悉报纸广告的功能和应用，初步掌握评析报纸作品的一般方法。

【实训内容】

简要评价如图 8-8 所示的报纸广告的特点。

图 8-8　赈灾义务献血广告

图片来源：南都周刊

任务 2　使用 Photoshop 为企业设计制作报纸广告

【任务描述】

我们将通过一系列有针对性的模拟训练，来帮助同学们掌握使用 Photoshop 设计制作 POP 广告的具体方法和技巧。

本小节以如图 8-9 所示的报纸广告为例，介绍这类广告的设计制作方法。

下面介绍使用 Photoshop 制作该广告的具体过程。

(1) 在 photoshop 中新建文件，文件名称自取；设置预设为自定；宽度为 810 像素，高度为 550 像素，分辨率为 72 像素/英寸；颜色模式为 RGB 8 位；背景为白色，如图 8-10 所示。

图 8-9 报纸广告效果

图片来源：新百电器报纸广告

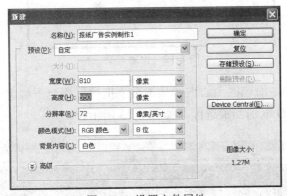

图 8-10 设置文件属性

(2) 打开"图层"面板，单击右下方的"创建新图层"按钮，新建"图层 1"，双击图层名称，重命名为"底层背景"，如图 8-11 所示。

图 8-11 创建新图层

(3) 单击"底层背景"图层，从工具箱中选择矩形选框工具 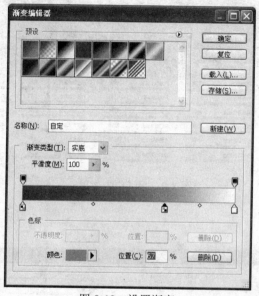，在该图层上拖拽出矩形选区，注意上下左右留出一定的等距空白。保持选区不变，从工具箱中选择渐变工具，在左上方显示出的渐变工具栏中选择"线性渐变"，然后单击左侧的渐变工具条，弹出"渐变编辑器"对话框，任意选择一种预设渐变色，在下方的渐变色条中设置三个色标，从左向右颜色分别是#263ffe、#c66ef9、白色，适当调整位置，单击"确定"按钮，如图8-12所示。

图8-12 设置渐变

(4) 在矩形选区中，沿选区上边虚线从上至下拖拽鼠标至下边虚线，进行渐变样式填充，再按快捷键Ctrl+D取消当前选区，如图8-13所示。

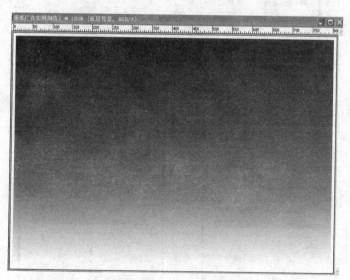

图8-13 填充选区

(5) 在"图层"面板中新建一个图层，命名为"1"，如图 8-14 所示。选择该图层，在工具箱中选择钢笔工具 ，在钢笔工具栏中选择"路径"模式 ，绘制一个由 7 个独立的封闭路径构成的图形(此处的图形可以自己设计造型)，绘制完毕后，在"路径"面板中会生成工作路径，单击"工作路径"并将其拖拽到下方的"创建新路径"按钮上，释放鼠标后，"工作路径"变为"路径 1"，如图 8-15 所示。

图 8-14　新建图层

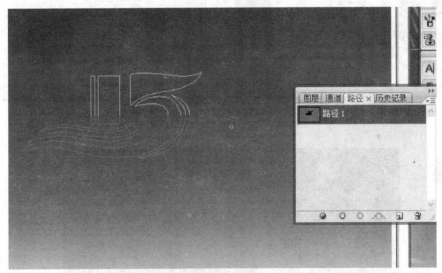

图 8-15　绘制的图形效果及"路径面板"

(6) 在工具箱下方单击前景色图标 ，设置前景色为#ff0a23；单击背景色，设置为#fbba16。

(7) 在工具箱上单击路径选择工具 ，单击已绘制好的封闭路径组合中的一个子路径，再单击鼠标右键，从弹出菜单中选择"填充子路径"选项，在打开的对话框中使用"前景色"，其他参数保持默认值，如图 8-16 所示；单击"确定"按钮，将该子路径填充为前景色，如图 8-17 所示。

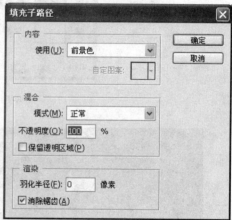

图 8-16　设置图形

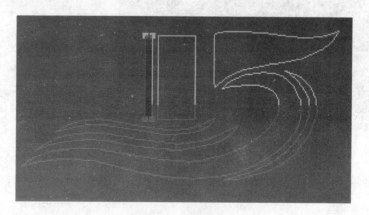

图 8-17　填充图形

　　(8) 用同样的方法填充其他几个封闭路径，注意填充时可以选择使用"背景色"或"颜色"填充，其中有两个子路径使用其他颜色填充，本例使用的颜色为#4bfc18 和#3bcef9，如图 8-18 所示。

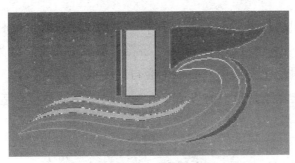

图 8-18　填充的图形效果

(9) 子路径中最后一个未填充的部分使用之前设置的前景色和背景色的渐变填充。使用路径选择工具选择该子路径，在"路径"面板下方单击"将路径作为选区载入"按钮 ⌗，这时，该子路径上出现虚线选区；保持选区，使用线性渐变工具，在选区内拖拽鼠标，填充前景色至背景色的渐变，再按快捷键 Ctrl+D 取消选区，如图 8-19 所示。

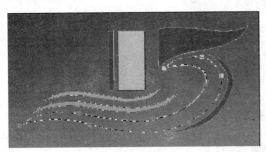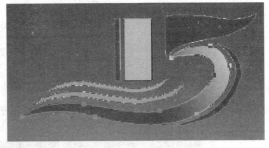

图 8-19　图形效果

(10) 在"路径"面板中的空白处单击鼠标，隐藏路径，如图 8-20 所示。

图 8-20　隐藏路径

(11) 切换到"图层"面板中，可以看到图层"1"中已经绘制出了如图 8-21 所示的颜色区域。

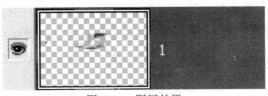

图 8-21　图层效果

(12) 在工具箱中选择文字工具 **T.**，在右上方的文字设置工具栏 中设置颜色为# ff0a23；单击 按钮，在打开的"字符"面板中设置字号为 16，如图 8-22 所示。在文件中单击鼠标，"图层"面板中会自动生成一个文字层，在编辑状态下输入"1994－2009"；选择工具箱中的移动工具 ，将文字调整至合适的位置，如图 8-23 所示。

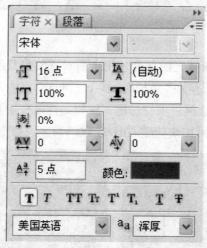

图 8-22　设置文字

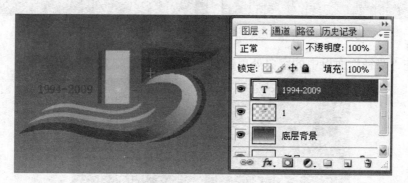

图 8-23　文字效果

(13) 选择该文字层，单击"图层"面板左下方的"添加图层样式"按钮 **fx.**，在弹出的菜单中选择"描边"选项，并在打开的对话框中设置大小为 1 像素、描边颜色为白色，如图 8-24 所示。单击"确定"按钮，效果如图 8-25 所示。

(14) 用同样的方法，设置不同的文本字体、字号及颜色，再分别输入"银川人的新百电器 宁夏人的家电连锁"、"15 年大庆 献礼银川"和"银川新华百货东桥电器有限公司成立 15 周年"三段文本，并调整至适当的位置，此时的"图层"面板和文本效果如图 8-26 和图 8-27 所示。

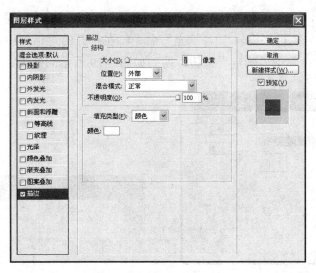

图 8-24　设置图层样式

图 8-25　描边后的文字效果

图 8-26　"图层"面板

图 8-27　文字效果

(15) 新建图层，重命名为"恭贺1"，使用矩形选框工具在该图层上拖拽出适当的矩形选区；保持选区，执行"编辑"|"填充"命令，在打开的对话框中设置填充颜色为白色，如图 8-28 所示；单击"确定"按钮，得到如图 8-29 所示的效果。

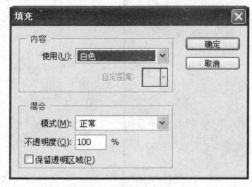

图 8-28 设置填充

图 8-29 图形效果

(16) 使用文字工具，设置适当的文本属性，输入如图 8-30 所示的样文，并调整位置到步骤(15)制作的白色矩形内。图 8-31 所示为这两个文字层在"图层"面板中的显示状态。

图 8-30 样文

图 8-31 文字图层

(17) 使用鼠标右键分别单击"恭贺"和"银川新华百花东桥…"图层，从弹出菜单中选择"栅格化文字"选项，将这两层均转换为普通图层；然后使用快捷键 Ctrl+T，逆时针旋转"恭贺"图层中文本的适当角度，如图 8-32 所示。

图 8-32 转换图层并旋转文本

(18) 选择"恭贺"图层，按快捷键 Ctrl+E 两次，将"恭贺"图层、"银川新华百花东桥…"图层及"恭贺背景"图层合并为一个图层，名称为"恭贺背景"，如图 8-33 所示。

图 8-33 合并图层

(19) 复制"恭贺背景"图层备用，使用文本工具输入"宁夏商务厅"，调整其位置与"恭贺背景"图层中的文本相适应，如图 8-34 所示。

图 8-34　输入并调整文本

(20) 栅格化"宁夏商务厅"图层，并将该层与"恭贺背景"图层合并，重命名为"宁夏商务厅"，如图 8-35 所示。

图 8-35　调整图层

(21) 选择"宁夏商务厅"图层，按快捷键 Ctrl+T，将该层中的文本缩小至适当尺寸，如图 8-36 所示。

(22) 用同样的方法，制作出其他单位恭贺条，并对所有恭贺条进行排列。先在工具箱中选择移动工具 ，再按住 Shift 键，单击多个图层，可以同时选中多个图层，这时，窗口上方出现如图 8-37 上图所示的排列工具条，使用工具条中的功能按钮调整所有恭贺条的排列方式，并合并所有恭贺条，效果如图 8-37 下图所示。

图 8-36　缩小文本

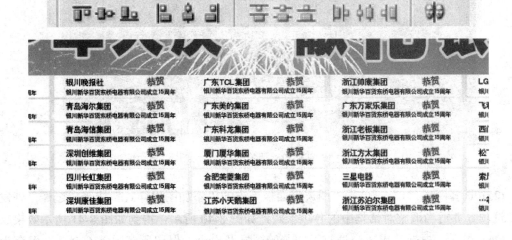

图 8-37　制作的恭贺条

(23) 打开几张礼花素材，使用工具箱中的椭圆选框工具◯将礼花部分做成选区，执行"编辑"|"拷贝"命令，再切换至"报纸广告实例制作"文件，执行"编辑"|"粘贴"命令，最后将各礼花图层移动至"底层背景"图层上方，如图 8-38 所示。

图 8-38　调整图层

(24) 将所有礼花层分别重命名为"礼花 1"、"礼花 2"、"礼花 3"……；在"图层"面板上分别将所有礼花层的图层混合样式选择为"变亮"，并适当调整各礼花层的不透明度；最后使用移动工具▸⊹调整礼花的位置，如图 8-39 所示。

图 8-39　调整图层

(25) 选择图层"1"，单击"图层"面板下方的"添加图层样式"按钮，选择"外发光"选项，并适当调整对话框中的各项参数，如图 8-40 所示，得到如图 8-41 所示效果。

(26) 最后，根据效果适当调整不完善的图层及内容，保留所有图层不合并，保存为 psd 文件，最终效果如图 8-42 所示。

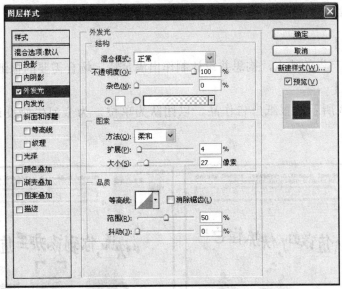

图 8-40 设置图层样式

图 8-41 添加样式后的图形效果

图 8-42 最终完成的效果

实训 1　报纸广告设计制作训练 1

【实训目的】

能根据报纸广告的特点，构思并设计制作出满足特定场合需要的报纸广告。

【实训内容】

参考图 8-43 所示的报纸广告作品，以团队为单位，为金河牛奶设计制作一组报纸广告。

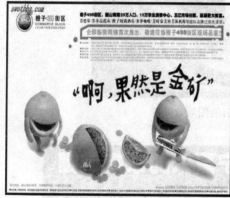

图 8-43　楼盘广告

图片来源于"橙子街区"楼盘广告

【实训提示】

报纸广告必须具有以下特点：

- 信息的广泛性。
- 功能的服务性。
- 价格的经济性。
- 经营的稳定性。
- 市场的引导性。
- 阅读的主动性。

实训 2　报纸广告设计制作训练 2

【实训目的】

能根据报纸广告的功能，构思并设计制作出满足特定场合需要的报纸广告。

【实训内容】

参考图 8-44 所示的报纸广告作品，以团队为单位，为新华百货财院店设计制作一组报纸广告。

图 8-44　报纸广告

图片来源：壹维设计网(www.winnerdesign.com)

参考文献

[1] 赵玉晶. 广告设计与制作[M]. 北京：高等教育出版社，2005

[2] 胡川妮. 广告创意表现[M]. 北京：中国人民大学出版社，2003

[3] 王亚卓. 广告策划实务与文案撰写[M]. 北京：企业管理出版社，2007

[4] 穆虹，李文龙. 实战广告案例[M]. 北京：中国人民大学出版社，2006

[5] 李景彬. 广告设计与制作[M]. 北京：高等教育出版社，2007

[6] 缪启军. 广告实务[M]. 南京：东南大学出版社，2006

[7] 邓旭，余岚，陈星槎. 平面广告的创意与制作[M]. 重庆：重庆大学出版社，2008

[8] 高文胜. 平面广告设计[M]. 天津：天津大学出版社，2005

[9] 胡玠，肖育. 设计色彩[M]. 长沙：湖南人民出版社，2009

本书有个别段落文字和图片引用自网络，有些无法了解原文作者的真实姓名，在此一并表示感谢。

[1] 扩展发展视角的综合训练摘自 2009 年 10 月 23 日《新京报》

[2] 扩展主体视角的综合训练——可口可乐摘自【企业报 九版—十二版】http://www.ceccen.com/cenews/ news/?id= 51756

[3] 色彩的形象摘自《广告设计中使用色彩的原则—兰州印刷厂，产品包装印刷》王朝网络

[4] 有关国家对色彩的喜好和禁忌摘自：http://jpkc.wuse.edu.cn/ggx/eweb/ UploadFile/20075722031110.doc

[5] 广告标语的类型摘自《互动百科—广告准口号》

[6] 破除思维定势的训练摘自"创意思维训练"——磨砺思维利剑"。作者雷士军

[7] 如何实现原创性——提炼你的 usp 摘自：[广东培训网]——打造独特的销售主张

[8] 收集广告创意的资料和分析广告创意的资料两个项目参考了来自"百业网——广告创意产生过程"的资料

[9] "POP 广告"单元的部分内容摘自北京荷清苑培训网(www.3dbbs.com)"POP 广告都有哪些功能"一文

[10] "DM 广告"单元的部分内容摘自杭州百业网(http://hz.looye.com)"DM 广告投递服务"一文

[11] "报纸广告"单元的部分内容摘自媒体资源网(http://club204.allchina.cn)"报纸广告术语"一文